Centre Canadien d'Architecture/ Canadian Centre for Architecture

Les débuts
The First Five Years

1979–1984

CCA

Centre Canadien d'Architecture/Canadian
Centre for Architecture, Montréal, 1988

Dépôts légaux : 1er trimestre, 1988
Bibliothèque nationale du Canada
Bibliothèque nationale du Québec

Données de catalogage avant publication (Canada)
Vedette principale au titre:

Centre canadien d'architecture : les débuts, 1979–1984 = Canadian Centre for Architecture : the first five years, 1979–1984

Texte en français et en anglais.
ISBN 0–920785–02–6

1. Centre canadien d'architecture. I. Centre canadien d'architecture. II. Titre: Canadian Centre for Architecture.

NA2405.C3M6 1988 720'.7'2071428 1 C88–090081–4F

Crédits

Traduction française :
André Bernier et, pour la section intitulée «Photographies», Catherine Roberge

Ce livre, dont la conception graphique a été réalisée par Eleanor Morris Caponigro, a été composé en Gill Sans par Meriden-Stinehour Press. Négatifs des similigravures par Robert Hennessy. Imprimé aux États-Unis par Meriden-Stinehour Press

Photographie :
Michel Boulet et Alain Laforest, Services photographiques, CCA; Jim Dow et Scott Hyde, New York

Legal Deposits: 1st quarter 1988
National Library of Canada
Bibliothèque nationale du Québec

Canadian Cataloguing in Publication Data
Main entry under title:

Centre canadien d'architecture : les débuts, 1979–1984 = Canadian Centre for Architecture : the first five years, 1979–1984

Text in French and English.
ISBN 0–920785–02–6

1. Canadian Centre for Architecture. I. Canadian Centre for Architecture. II. Title: Canadian Centre for Architecture.

NA2405.C3M6 1988 720'.7'2071428 1 C88–090081–4E

Credits

French translation:
André Bernier; Catherine Roberge (Section entitled "Photographs")

This book, designed by Eleanor Morris Caponigro, was set in Gill Sans by Meriden-Stinehour Press. Duotone negatives by Robert Hennessy. Printed and bound by Meriden-Stinehour Press in the United States of America.

Photography:
Michel Boulet and Alain Laforest, Photographic Services, CCA; Jim Dow and Scott Hyde, New York City

Sommaire

Contents

«Photographie et Architecture : 1839–1939», exposition inaugurale du CCA, vernissage au Centre Georges-Pompidou, Paris, février 1984. De gauche à droite : Gilles H. J. Duguay, ministre pour les Affaires Publiques à l'Ambassade du Canada à Paris; Jack Lang, ministre délégué à la Culture, gouvernement de la République française; Phyllis Lambert, directeur, Centre Canadien d'Architecture; Clément Richard, ministre des Affaires culturelles du Québec; et Richard Pare, conservateur des photographies, Centre Canadien d'Architecture.

"Photography and Architecture: 1839–1939" (inaugural exhibition of the CCA), opening, Centre Georges-Pompidou, Paris, February 1984. Left to right: Gilles H. J. Duguay, Minister for Public Affairs at the Canadian Embassy in Paris; Jack Lang, Minister of State for Culture, Government of the French Republic; The Honourable Francis Fox, Minister of Communications of Canada; Phyllis Lambert, Director, Canadian Centre for Architecture; Clément Richard, Minister of Cultural Affairs of Québec; and Richard Pare, Curator of Photographs, Canadian Centre for Architecture.

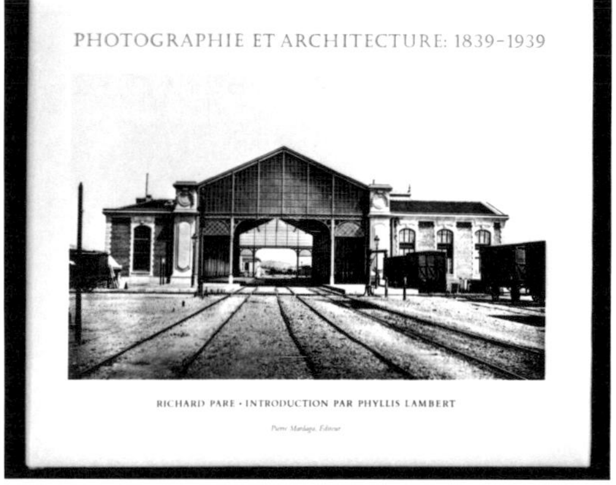

Photographie et Architecture : 1839–1939, par Richard Pare. Introduction par Phyllis Lambert, catalogue par Catherine Inbush Evans et Marjorie Munsterberg. Dessin par Eleanor Morris Caponigro. Montréal, CCA, 1982.

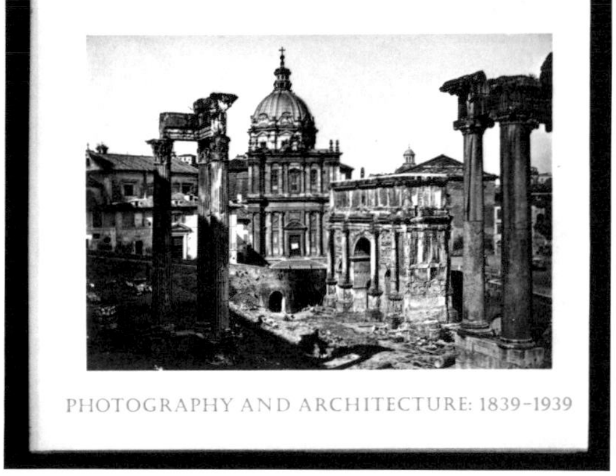

Photography and Architecture: 1839–1939, by Richard Pare. Introduction by Phyllis Lambert, catalogue by Catherine Inbush Evans and Marjorie Munsterberg. Graphic design by Eleanor Morris Caponigro. Montréal: CCA, 1982.

Avant-propos

Les bâtiments sont à la fois des constructions et des icônes. Ils sont l'expression des multiples aspects économiques, politiques, sociaux et religieux d'une société, en même temps que de son avancement technique et de ses préoccupations esthétiques. Comme les mots écrits, les bâtiments sont des symboles. La capacité de lire ces symboles avec un sens critique nous permet de mieux comprendre, apprécier et aimer notre environnement, et un tel regard critique peut nous guider dans l'aménagement de nos campagnes et de nos villes, villages ou quartiers. Le Centre Canadien d'Architecture/Canadian Centre for Architecture a été fondé à Montréal en 1979 dans le but d'encourager et de faire progresser cette connaissance du milieu par des recherches, des expositions et des publications réalisées à partir de ses collections, et de concourir ainsi à faire de l'architecture une question d'intérêt public.

Cette orientation générale a déterminé les principaux objectifs du CCA, soit faciliter l'étude des questions contemporaines à la lumière d'autres époques et d'autres cultures, soutenir la poursuite de recherches spécialisées, favoriser une participation avertie de l'ensemble des citoyens à la prise de décisions relatives au patrimoine architectural et à l'avenir de la ville, et enfin, accroître les échanges interdisciplinaires où se rencontrent les préoccupations théoriques de l'historien et les considérations pratiques de l'architecte. Le Centre, tel qu'il a été conçu, réunira en un lieu unique les documents ressortant aux diverses disciplines — entre autres, architecture, urbanisme et aménagement paysager — qui interviennent dans l'étude et la réalisation de l'environnement bâti.

Le CCA possède aujourd'hui l'une des trois plus importantes bibliothèques d'architecture dans le monde. Au Canada, le CCA a été reconnu officiellement à titre de musée par l'Association des musées canadiens, et il a reçu du gouvernement une reconnaissance en tant qu'établissement de catégorie «A» bénéficiant de dégrèvements fiscaux et de franchises douanières. Le CCA a en outre contribué avec d'autres organismes à la mise sur pied de programmes de coopération à l'échelle nationale et internationale. Des centaines d'architectes, d'universitaires et de chercheurs ont par ailleurs consulté les collections du CCA et participé à des colloques ou des séminaires organisés par le Centre. Des milliers de personnes en Amérique du Nord et en Europe ont visité les expositions du CCA, ou ont eu l'occasion de voir des pièces qui provenaient de ses collections et figuraient dans des livres, catalogues ou expositions réalisés par d'autres institutions.

Le présent rapport sur les cinq premières années d'activité du CCA rend compte de la mise en œuvre d'une institution. Les réalisations ont été extraordinaires, et je tiens à exprimer ma reconnaissance, pour leur enthousiasme et leur travail, aux nombreuses personnes qui ont fait preuve pendant ces cinq années d'un talent remarquable : ce sont les membres du personnel et les membres du conseil d'administration, du comité consultatif et du conseil consultatif du CCA. L'intérêt qu'ils ont manifesté, leur dévouement et leurs conseils avisés ont fait du CCA une réalité.

Je tiens également à adresser de vifs remerciements à monsieur Richard Pare, conservateur des photographies, et à madame Raymonde Gauthier, conseillère auprès du service des archives, pour la précieuse aide qu'ils nous ont apportée lors de la préparation de cet ouvrage. Je suis également redevable à monsieur Pierre du Prey qui, après lecture du manuscrit, nous a aimablement fait parvenir ses observations qui se sont révélées des plus pertinentes.

Phyllis Lambert
Directeur
Décembre 1985

Les débuts

Un musée et un centre d'étude

Les activités du CCA regroupent quatre champs intimement liés. Le Centre s'est d'abord attaché à l'activité la plus traditionnelle d'un musée, celle qui consiste à recueillir, préserver et interpréter les pièces rares et la production courante : dessins, estampes, photographies, livres et autres documents qui, au CCA, ont pour thème commun l'architecture. En second lieu, dans le cadre de programmes destinés aux spécialistes et au grand public, le CCA a organisé et fait circuler des expositions, et produit les publications qui accompagnaient ces manifestations. Le troisième champ d'activité du CCA concerne son rôle de dépôt d'archives et de centre de documentation, ce qui suppose la collecte et le classement de fonds d'archives et autres ensembles de documents non publiés. Le quatrième champ d'activité est celui du programme d'étude à l'intention de chercheurs invités. Ce programme sera ouvert aux historiens de carrière, mais également aux étudiants les plus prometteurs ainsi qu'aux architectes. Le programme d'étude, en effet, bien qu'il soit étroitement lié aux collections du CCA et aux recherches qu'elles nécessitent, a également pour but d'instituer des modes d'échanges suivis entre les chercheurs et les praticiens de l'architecture.

Toutes ces activités sont sensiblement les mêmes que celles poursuivies par d'autres institutions muséales ou centres de recherche. Cependant, le CCA réunit à lui seul deux types de collections qui, par le passé, étaient conservés dans des institutions distinctes : les collections de dessins, livres, estampes et photographies qui ont ici trait à l'architecture, et les collections composées de la documentation non publiée des fonds privés d'architectes, ce qui englobe le champ relativement neuf des archives d'architecture contemporaine. D'autre part, la programmation du CCA se situe elle aussi sur deux plans distincts, soit les expositions, qui sont destinées au grand public, et le soutien à la recherche, qui est offert en premier lieu aux spécialistes.

Formation et politique du CCA

Le CCA est en fait une institution d'un type nouveau. Au moment de sa fondation, il n'existait aucun autre établissement jouant le double rôle de centre de recherche et de musée de l'architecture, et cela même si plusieurs organismes possédaient déjà des collections de dessins d'architecture, de moulages et d'artefacts de bâtiments. Les musées d'architecture étaient encore un concept relativement neuf. Il faudra attendre 1979 pour que se tienne à Helsinki une réunion ayant pour objet d'évaluer la viabilité d'une éventuelle confédération internationale des musées d'architecture, l'*International Confederation of Architectural Museums* (ICAM). On a tenté de créer des musées d'architecture dès la fin du dix-huitième siècle en France et au début du vingtième dans les Pays-Bas, mais le premier musée entièrement consacré à l'architecture est celui que Sir John Soane établit à Londres en 1833. (Cette initiative demeurait cependant l'exception et fut considérée comme une anomalie jusqu'à la formation de l'ICAM.) Le Musée d'architecture Shchusev, fondé à Moscou en 1945, fut le premier musée d'architecture de nom comme de fait. Le second, le Musée d'architecture de Finlande, naquit d'archives photographiques en 1956. Dans la décennie qui suivit, une trentaine de musées, collections ou archives furent fondés en Scandinavie, en Pologne, en Hongrie, en Yougoslavie, dans les Pays-Bas, en Belgique, en France et en Allemagne.

D'autre part, les rares archives nationales d'architecture n'étaient guère en 1979 que des dépôts de documents en grande partie non catalogués. Au Canada, les Archives canadiennes d'architecture avaient été ouvertes en 1974 à l'Université de Calgary, à titre de collection spéciale. La loi créant le National Building Museum, à Washington, n'a été votée par le Congrès américain qu'en 1980. Enfin, c'est tout récemment que des départements de l'architecture, formés à partir de collections nouvelles ou de collections existantes, ont été ouverts dans des musées d'art, par exemple à l'Art Institute de Chicago et au Musée d'Orsay, récemment créé à Paris.

Parmi les bibliothèques d'architecture qui existaient au moment de la fondation du CCA, l'Avery Architectural Library de l'université Columbia constitue depuis sa fondation en 1890 la principale source d'information, en Amérique du Nord, sur l'histoire de l'architecture. En Angleterre, c'est la bibliothèque appartenant au Royal Institute of British Architects (RIBA) qui a joué ce rôle; elle allait d'ailleurs changer son nom pour la British Architectural Library afin de témoigner de son envergure nationale. (Le RIBA possédait également, dans des locaux distincts de la bibliothèque, une importante collection de dessins d'architecture britanniques et étrangers, dont les origines remontaient à 1834.)

En comparaison avec ces divers organismes, il ressort que le CCA, par l'étendue de ses collections et les objectifs de son programme, ne pouvait s'appuyer au moment de sa fondation sur aucun véritable précédent, et devait dès lors concevoir son propre *modus operandi*. En premier lieu, il était essentiel de bien comprendre les conséquences découlant du mode de fonctionnement qui serait adopté. Un rapport fut ainsi commandé en septembre 1978 afin d'obtenir une évaluation des divers types d'affiliations possibles, soit avec une université ou un musée, et des différents statuts à envisager pour l'institution, qui pouvait relever du gouvernement ou d'un conseil d'administration indépendant. Le rapport intitulé «On Founding an Architectural Study Centre», soumis par Daniel et Eugenia Robbins en janvier 1979, fournissait les éléments nécessaires à l'organisation et à la mise en œuvre de la nouvelle institution. La décision de créer une institution indépendante, qui bâtirait son propre réseau d'affiliations selon ses besoins, fut retenue par le conseil d'administration du CCA lors de sa première réunion, en septembre 1979.

En mai 1982, le conseil d'administration a réaffirmé dans une résolution officielle portant sur les objectifs opérationnels du CCA que la collection devait être envisagée comme un tout, un ensemble cohérent qui puisse être traité comme une entité unique. Un tel concept exigeait la mise en place d'un mode de consultation qui donne accès simultanément à toutes les collections, tout en prenant en compte que chaque type de document requiert des conditions particulières d'entreposage, de préservation et de conservation. Cette politique a eu une influence considérable sur le catalogage de la collection, sur la répartition des tâches au sein du personnel et, en fin de compte, sur la forme même du bâtiment qui allait abriter le Centre.

Catalogage

Une consultation centralisée donnant accès à une collection intégrée suppose que les mêmes normes de catalogage sont appliquées à toutes les collections, qu'il s'agisse d'archives, de dessins et d'estampes, de photographies ou de livres. Or, si l'on possède depuis longtemps des règles de catalogage très précises dans le domaine de la bibliothéconomie, il n'existe toujours pas, dans les musées, de normes en ce qui a trait aux dessins et estampes d'architecture. À une époque où l'ordinateur donne accès à toutes les formes d'information, il serait d'autant plus pressant que de telles normes de catalogage soient établies et reconnues internationalement.

En 1983, à Washington, le CCA a rencontré les représentants d'autres organismes faisant face à des besoins analogues, afin d'envisager les modes de collaboration possibles dans l'établissement de normes de catalogage. Les organismes qui participaient à cette réunion, outre le CCA, étaient l'American Institute of Architects Foundation (AIA) de Washington, l'Avery Architectural and Fine Arts Library de l'université Columbia à New York, la Library of Congress (LC) de Washington, le Royal Institute of British Architects (RIBA) de Londres, le Cooper-Hewitt Museum et le Smithsonian Institution's National Museum of Design de New York, et, enfin, le Center for Advanced Studies in the Visual Arts (CASVA) et la National Gallery of Art de Washington. Cette dernière institution était l'hôte de la réunion et elle a subséquemment obtenu le soutien financier de la fondation J. Paul Getty.

C'est à l'issue de cette rencontre qu'a été formé l'Architectural Drawings Advisory Group (ADAG), auquel se sont joints, depuis, d'autres organismes nord-américains et européens engagés dans la conservation des archives d'architecture. L'ADAG a reçu le mandat de définir des normes internationales de catalogage des archives d'architecture, en s'assurant que ces normes soient applicables aussi bien aux systèmes informatisés qu'aux systèmes manuels. Le système informatique conçu par l'ADAG comprendra les illustrations correspondant aux données emmagasinées, et il sera compatible avec les formats de catalogage utilisés notamment dans les domaines de la peinture, de la sculpture, des dessins et estampes, des arts décoratifs, du cinéma et des photographies, de manière à s'intégrer à un éventuel réseau international d'information en histoire de l'art. En 1984, avec le soutien des Archives publiques du Canada et du Musée des beaux-arts du Canada, le CCA a amorcé une série de séminaires portant sur les normes de catalogage des archives d'architecture et des collections de photographie conservées dans les musées ou les dépôts d'archives canadiens et nord-américains.

Au CCA, les dossiers des dessins et estampes, des photographies et des archives sont informatisés suivant un format conforme aux normes de l'ADAG, tandis que la bibliothèque, depuis décembre 1984, procède à l'entrée de ses données sur un réseau nord-américain de catalogage, le Research Libraries Information Network (RLIN).

Le personnel

Parallèlement à la mise en place d'un système de catalogage des collections, le CCA a poursuivi l'organisation de ses départements et leur dotation en personnel, et il a bénéficié à cet égard de la généreuse collaboration d'autres institutions œuvrant dans des domaines connexes. C'est ainsi qu'en 1980, le Service de restauration du Musée des beaux-arts de Montréal a conseillé le CCA sur les normes de conservation des dessins et des estampes. À la fin de 1980, M. Marcel Caya, responsable des Archives de l'université McGill, a contribué à la mise sur pied du département des archives du CCA, département auquel il est toujours rattaché à titre de conseiller. En janvier 1981, les ministères des Communications et des Affaires culturelles du Québec accordaient à M. Guy Doré un congé de deux ans, pour lui permettre d'établir les procédures de l'administration et de la dotation en personnel du CCA. En 1982, M. Pierre du Prey, professeur d'histoire de l'art à l'université Queen's, à Kingston, se voyait également accorder un congé de deux ans par son université afin de mettre sur pied, à titre d'essai, le programme d'étude du CCA. Au début de 1983, Mme Marcia Stayer, responsable de la Douglas Library Information Reference Unit de l'université Queen's, obtenait un congé de cet établissement qui lui a permis de venir organiser la bibliothèque du CCA.

Le nouvel édifice

Malgré les multiples exigences liées à l'organisation et aux activités courantes de l'institution pendant ces premières années, le CCA a poursuivi son projet de construire un siège permanent pour son personnel et ses collections, dispersés entre-temps dans des locaux temporaires à Montréal et à New York. Plusieurs architectes, notamment les agences de Barton Myers et associés, de Peter Rose, et de Peter Lanken, ainsi que Phyllis Lambert, ont au cours de ces années défini les programmes architecturaux des locaux temporaires et du siège permanent du CCA, modifiant les projets au fur et à mesure que se précisaient les besoins de l'institution en termes d'espace et de fonctionnement. Inversement, le processus même de conception du nouvel édifice a permis au CCA de mieux définir ses procédures organisationnelles et les résultats visés.

La conception du projet définitif pour le siège permanent du CCA a été entreprise en janvier 1984 par Peter Rose, architecte, en collaboration avec Phyllis Lambert, agissant à titre d'architecte-conseil, et Erol Argun, comme architecte associé. La construction a débuté en mai 1985. Le nouvel édifice, conçu pour répondre à un programme riche et complexe, occupera dans la partie ouest du centre-ville de Montréal une superficie d'environ trois acres flanquée d'accès souterrains à une autoroute. L'édifice sera érigé sur les terrains vacants qui, depuis des années, entourent la Maison Shaughnessy. D'époque victorienne, cette maison construite en 1874 a été reconnue monument historique en 1974; elle offre une superficie totale de 2 000 mètres carrés, et elle sera restaurée pour abriter les salles de réception et les bureaux de l'administration du CCA. La Maison Shaughnessy sera reliée au nouveau bâtiment dont les quatre niveaux, d'une superficie totale de 12 000 mètres carrés, correspondront à des activités distinctes : programmes publics, conservation et restauration, et, sur deux niveaux en sous-sol, les réserves.

Le niveau public est situé à l'étage supérieur de l'aile neuve. Il comprend, à proximité de l'entrée du musée, une petite salle d'exposition octogonale, une librairie et un auditorium de 250 places. Les salles de consultation des collections se trouvent à l'autre extrémité du bâtiment : salle de lecture, cabinet des documents rares et bureaux des chercheurs invités. Les salles d'exposition occupent le centre de l'étage, dans l'axe de la Maison Shaughnessy, matérialisant ainsi l'empreinte de celle-ci sur la construction nouvelle. Pour assurer aux collections des conditions idéales de conservation, les salles d'exposition, les salles de consultation et les réserves répondront aux normes les plus élevées de contrôle environnemental.

Programmation

Les activités s'adressant au grand public ont précédé la fondation officielle du CCA. En 1979, l'exposition «Baroque Architectural Drawings from the Phyllis Lambert Collection», organisée par le professeur Pierre du Prey du département d'histoire de l'art de l'université Queen's, à Kingston, était présentée dans cette université au centre d'art Agnes Etherington. Le catalogue de l'exposition a été réalisé par les élèves du professeur du Prey, ce qui a permis à ceux-ci d'effectuer des recherches sur des pièces de collection, d'étudier les attitudes des architectes de la période baroque et de rédiger les numéros d'un catalogue sous la direction d'historiens et de muséologues. La même année, l'exposition «Notre Port» posait, aux plans urbanistique et architectural, la question de la réaffectation des terrains vacants et des installations du Vieux-Port de Montréal, dans le contexte du débat et des études alors en cours sur ce sujet à Montréal comme dans plusieurs autres villes d'Amérique du Nord. Organisée au nom d'Héritage Montréal par le fondateur et directeur du CCA, Phyllis Lambert, et présentée au musée McCord de Montréal, cette exposition voulait permettre au grand public d'évaluer les divers projets de réaménagement sur la base d'une connaissance pertinente de l'histoire du port, et à la lumière des théories et des réalisations les plus récentes à l'échelle internationale en ce domaine.

Entre 1982 et 1984, des expositions, des séminaires et des publications ont posé les jalons des recherches à poursuivre sur les collections du CCA et sur leur rapport avec les questions d'intérêt public. Pendant cette période, le CCA a organisé deux grandes expositions accompagnées de conférences et de colloques. La première exposition internationale du CCA, «Photographie et Architecture : 1839-1939», organisée par le département de photographie, a élargi le champ de la connaissance en créant un nouveau domaine d'étude. L'exposition s'est ouverte à Cologne en 1982, dans le cadre d'une grande manifestation internationale, «Photokina», où elle représentait la photographie ancienne; elle a ensuite été présentée à l'Art Institute de Chicago, au Cooper-Hewitt Museum de New York, au Centre Georges-Pompidou de Paris, et enfin, en 1984, au Musée des beaux-arts du Canada, à Ottawa. Le volume qui accompagnait l'exposition, publié en deux éditions, française et anglaise, a remporté plusieurs prix.

En 1983, l'exposition «Les Villas de Pline et les éléments classiques dans l'architecture à Montréal/ The Villas of Pliny and Classical Architecture in Montréal» a été l'occasion de concrétiser la politique du CCA en matière d'échanges entre historiens et architectes, et de collaboration avec d'autres institutions. M. Pierre du Prey, alors directeur du programme d'étude du CCA, agissait à titre de conservateur invité de cette exposition présentée au Musée des beaux-arts de Montréal. La plupart des restitutions anciennes de la Villa de Pline étaient tirées des collections du CCA, alors que les restitutions récentes provenaient de l'exposition «Ut Architectura Poesis : La Laurentine et l'invention de la villa romaine», présentée à Paris, en 1982, par l'Institut Français d'Architecture. M. Melvin Charney, professeur d'architecture à l'Université de Montréal, a conçu les installations de l'exposition montée par le CCA, et il y a intégré une construction en deux parties intitulée «Pliny on my Mind». La présence de cette construction renforçait le thème de la continuité transformationnelle de l'architecture depuis les époques les plus anciennes jusqu'à nos jours, tout en faisant référence aux traditions architecturales montréalaises. L'exposition connut un immense succès et sa durée fut prolongée.

À titre de responsable du programme d'étude, M. Pierre du Prey a en outre organisé une série de colloques réunissant professeurs et étudiants des départements d'architecture et d'histoire des quatre universités montréalaises (Concordia, McGill, Université de Montréal et Université du Québec à Montréal), de même que des participants venus d'autres universités canadiennes et de l'étranger. D'éminents spécialistes prirent part à ces rencontres : M. Kurt Forster dirigeait le séminaire portant sur «Schinkel et l'industrialisation de la construction»; le séminaire sur «Les Ordres» réunissait MM. Joseph Rykwert et Hans-Karl Lücke, et les architectes Paul Chiasson, Warren Cox, Julia Gersovitz, Eric Haldenby et Peter Rose.

Parmi les autres réalisations du CCA pendant ses cinq premières années d'activité, il faut mentionner plusieurs guides de fonds d'archives d'architecture. En 1981, le CCA a lancé le programme *Canadian Architectural Records Survey/Recherche documentaire sur l'architecture canadienne* (CARS/RDAC). Cette liste qui recense les fonds d'archives d'architecture conservés dans les collections publiques canadiennes a été publiée en 1983. Au cours de la même période, le CCA a entrepris l'inventaire de deux de ses fonds d'archives. Deux guides ont été publiés : le *Guide du Fonds Ludger et Paul M. Lemieux/ Inventory of the Archives of Ludger and Paul M. Lemieux* (1983) et le *Guide du Fonds Ernest Isbell Barott/Inventory of the Archives of Ernest Isbell Barott* (inventaire commencé en 1984). Par ailleurs, le CCA a publié des guides thématiques sur divers quartiers de Montréal : en 1982, *Quartier Maisonneuve* et *Centre-ville*; en 1983, *Trois Architectes/Trois Quartiers*; dans un numéro spécial d'octobre 1983 de la revue *ARQ : Architecture Québec*, «Huit Villas sur le Mont-Royal/ Eight Villas on Mount Royal». Ces guides thématiques se proposaient de fournir au visiteur, dans un format pratique, une information spécialisée; ils ont été conçus comme l'amorce d'une série de guides de Montréal.

Dès 1984, les activités du CCA ont été influencées par la construction du siège permanent de l'institution. Il a fallu, en priorité, mettre au point pour toutes les collections des formes sommaires de catalogage et un programme complet de conservation. L'accent mis pendant ces deux années sur le programme d'étude fut alors porté sur les expositions prévues pour l'ouverture officielle du Centre, en 1989. Le nouveau département des expositions et des publications commença la planification de programmes faisant le lien entre la recherche sur les collections et les programmes destinés au grand public.

Les collections

«Quelque temps aprés ils bastirent un Temple à Diane, & cherchant quelque nouvelle manière qui fût belle, par la mesme methode ils luy donnerent la delicateffe du corps d'une femme. Et premierement ils firent le Diametre de la colonne de la huitiéme partie de la hauteur, afin qu'elle s'élevaft plus agreablement : Ensuite ils s'aviferent d'y mettre des bases faites en maniere de cordes entortillées pour eftre comme la chauffure, & taillerent des volutes au chapiteau, pour reprefenter cette partie des cheveux qui pend par boucles à droit & à gauche, les cymaifes & les *gouffes* eftant comme des cheveux arangez fur le front des colonnes. Avec cela ils firent des *cannelures* tout le long du tronc, comme si c'euft efté les plis de leurs robes.» —*Les Dix Livres d'Architecture de Vitruve*, corrigés et traduits en 1684 par Claude Perrault, Pierre Mardaga éditeur, Paris, 1979 (Paris, 1684), livre IV, chapitre I, p. 106

«. . . Those narrow spaces seen as the space between the top of the brain and the bottom of the inner side of the bone of the skull . . . The outer surface of the face does not hold my attention nor does the inner surface of the mask put over the face . . . what fixes me is the space in between, that is the space in between the outer face and the inner mask.» —John Hejduk, dans *Architectures*, n° 1, hiver 1985, p. 4

Introduction

L'étude des bâtiments est aussi complexe que le sont les bâtiments eux-mêmes. Pour étudier et comprendre un bâtiment en tant que tel et en rapport avec le contexte dans lequel il s'inscrit, il est essentiel de consulter diverses formes d'information et de les confronter. Or cette démarche correspond au concept même de la collection du CCA : celle-ci est formée de différents types de documents complémentaires, chaque type se rattachant à certains aspects particuliers de l'étude, de la pratique ou de l'histoire de l'architecture. La collection de dessins renseigne sur la théorie et la pratique architecturales du quinzième au vingtième siècle. La bibliothèque nous documente sur toutes les périodes de l'histoire de l'architecture, depuis les premiers établissements humains jusqu'à l'époque contemporaine. La collection de photographie, la seule au monde qui soit consacrée exclusivement à l'architecture, rassemble une documentation qui va des débuts de la photographie dans les années 1830 jusqu'à nos jours; elle élargit le champ des études consacrées à ce médium, aussi bien comme production d'images qu'à titre d'iconographie documentaire de l'histoire de l'architecture. Les fonds d'archives, qui englobent devis, correspondance, livres de comptes, notes de conférence et divers artefacts, constituent des dossiers complets sur les carrières d'architecte.

Les diverses parties de la collection s'intègrent dans une approche globale qui permet de saisir la pensée et le travail des architectes. On sait, par exemple, que de tout temps les architectes se sont formés en étudiant les œuvres de leurs prédécesseurs. Ainsi, les nombreux traités de la Renaissance conservés dans la bibliothèque du CCA soutiennent, textuellement, qu'un bâtiment doit s'inspirer de modèles existants. On trouve d'autre part, au département des dessins et estampes, le carnet d'un architecte du seizième siècle illustrant les choix opérés et les manières adoptées par cet architecte pour représenter, mesurer et analyser les monuments antiques qui constituent ses modèles. Cet architecte anonyme a rempli trente-trois folios de détails des ordres relevés sur des monuments romains et noté les plans de plusieurs constructions, principalement des tombeaux et de petits temples à plan centré. Le dessin d'un pilastre toscan qui figure dans ce carnet n'est que légèrement postérieur aux premières études connues de l'ordre toscan par Sebastiano Serlio dans le quatrième livre de ses *Regole generali di architettvra* (Venise, 1537), dont le CCA possède un exemplaire de la deuxième édition parue en 1540.

Les six volumes de croquis et de dessins cotés qui furent exécutés entre 1824 et 1828 par Augustus Charles Pugin et ses élèves, en vue de la publication de *Specimens of the Architecture of Normandy*, furent à l'origine du courant néo-gothique et du débat sur la moralité de l'architecture. Les idées de Pugin seront développées dans les écrits de son fils, Augustus Welby Northmore Pugin, et reprises par le critique John Ruskin et les spécialistes de l'architecture religieuse. Nombre de ces textes se trouvent dans la bibliothèque du CCA, alors que le département des dessins et estampes possède un album du fils de Pugin consacré à l'église St. Mary's, à Derby; l'album comprend six dessins de présentation pour l'église, de la main de Pugin, et soixante-sept tirages de petites gravures sur acier, dont la majorité semblent avoir aussi été exécutées par Pugin. Dans la collection de photographie, on trouve les deux volumes de *Photographs from Sketches by Augustus Welby N. Pugin* (1865), qui, illustrés de cinq cents épreuves à l'albumine par Stephen Ayling, témoignent des premières utilisations de la photographie à des fins documentaires.

Les guides topographiques et les portefeuilles de dessins exécutés par les artistes au cours de leurs voyages occupent une place importante dans les collections du CCA. Cette catégorie s'étend des simples guides illustrés et des représentations anonymes d'architecture montrant l'état des lieux à une époque donnée, jusqu'aux notes prises sur place par des architectes, des historiens, des photographes. Les guides imprimés les plus anciens conservés au CCA portent sur la ville de Rome, où des images des vestiges de l'Antiquité et des monuments de la Renaissance étaient réalisées à l'intention des voyageurs et reliées sous forme de volumes ou vendues dans des portefeuilles, tels les quatre-vingt-douze folios de la collection d'Antoine Lafréry intitulés *Speculum romanae magnificentiae* (Rome, 1544–1570). Parmi d'autres grands ouvrages sur Rome que l'on peut consulter au CCA, il faut mentionner le *Trattato nvovo delle cose maravigliose dell'alma città di Roma* de Pietro Martire Felini (Rome, troisième édition, 1625), le *Roma vetvs ac recens* d'Alexandro Donato (Rome, troisième édition, 1665), le *Roma antica* de Famiano Nardini (Rome, 1666), le *Roma antica* de Giovanni Lorenzo Barbiellini (Rome, 1744), et enfin, de Ridolfino Venuti, l'*Accurata, e succinta descrizione topografica delle Antichità di Roma* (Rome, 1763 et 1766).

On trouve également dans la collection du CCA les œuvres des pionniers de la photographie qui poursuivirent la tradition des séries topographiques. Il faut mentionner, notamment, *Les excursions daguerriennes* (1840), qui se donnait à l'époque pour un véritable grand tour photographique des principaux monuments d'Europe et d'Orient, et qui révèle aujourd'hui l'état de ces mêmes monuments au milieu du dix-neuvième siècle. Par ailleurs, des photographes comme Robert Macpherson, James Anderson, les frères Alinari, Adolphe Braun, Francis Frith et Samuel Bourne, dont les œuvres sont également représentées dans la collection, possédaient tous à la fin du dix-neuvième siècle des stocks de vues et de détails d'architecture, de peinture, de sculpture et d'objets de vertu. Leurs clichés, qui ont aujourd'hui une grande valeur documentaire dans le domaine de l'histoire de l'art, permettent en outre d'étudier l'influence de la photographie sur les architectes et leurs clients.

Les notes de voyage conservées au CCA comprennent les six volumes du journal de Joseph Gwilt, manuscrits d'une écriture très serrée auxquels s'ajoutent les croquis de l'auteur, des illustrations imprimées et divers souvenirs tels que des talons de billets de théâtre et des cartes de visite rapportés de ses séjours en France, en Hollande, en Belgique et en Allemagne entre 1814 et 1843. Au nombre des documents du vingtième siècle figurent des croquis de voyage de Le Corbusier et les grandes aquarelles de l'architecte canadien Ernest Cormier. Les bâtiments et les paysages représentés dans ces aquarelles exécutées en Italie et en France dans les années 1920 et 1930, ont été une source d'inspiration de l'œuvre de Cormier au Canada. Ses dessins cotés de la Villa Madama de Raphaël comptent, d'autre part, parmi les rares relevés du bâtiment qui représentent l'état antérieur aux altérations survenues immédiatement après la Première Guerre mondiale.

Il faut parfois de longues recherches pour arriver à réunir les multiples documents qui, après avoir appartenu à un même bureau d'architecte, ont été dispersés. Cela concerne tout particulièrement certains architectes du début du vingtième siècle comme J. J. P. Oud et Mart Stam. De J. J. P. Oud, le département des dessins et estampes du CCA possède des documents qui s'étalent entre 1911 et 1956. Son projet de 1917 pour l'immeuble d'habitation du Strandboulevard, représenté dans la collection de dessins, est également documenté dans la revue *De Stijl* (Delft, Leyde, 1917–1932), périodique dont on peut consulter la série complète à la bibliothèque du CCA. En outre, la collection des photographies permet de voir les bâtiments de Oud à l'achèvement des travaux.

Les documents relatifs à la conception et à la construction des ponts constituent un excellent exemple de la manière dont un sujet isolé peut offrir une sorte de vue en coupe des différentes collections du CCA. Les ouvrages traitant de la construction des ponts qui sont conservés à la bibliothèque donnent une vue d'ensemble de l'évolution des techniques de construction au cours des dix-huitième et dix-neuvième siècles. Ce sont des livres tels que le *Traité des ponts* d'Hubert Gautier (Paris, 1716) et le *Theatrum Pontificale, oder, Schau-Platz der Brücken und Brücken-Baues* de Jacob Leupold (Leipzig, 1726). Le livre de Leupold, qui emprunte abondamment à celui de Gautier, est le premier ouvrage allemand consacré exclusivement à la construction des ponts en bois à grande portée, témoignage de l'intérêt manifesté très tôt pour ce domaine par les ingénieurs suisses allemands. La bibliothèque possède également l'ouvrage de Nicholas Hawksmoor, *A Short Historical Account of London Bridge with a Proposition for a new Stone-Bridge at Westminster* (Londres, 1736), la première grande contribution britannique au développement des calculs de structure utilisés dans la construction de ponts.

D'autres livres de la collection nous documentent sur l'emploi du fer dans la construction des ponts à partir de la fin du dix-huitième siècle. Ces ouvrages comprennent le premier énoncé du principe de construction des ponts suspendus, le *Rapport à Monsieur Becquey et Mémoire sur les ponts suspendus* de Claude-Louis-Marie-Henri Navier (Paris, 1823), et le volume intitulé *Des ponts en fil de fer* (Genève, 1824), de l'ingénieur suisse Marc Séguin; ces deux études ont révolutionné les méthodes de construction en proposant l'utilisation de câbles d'acier plutôt que de chaînes pour soutenir le tablier du pont.

Les ponts suspendus par des câbles d'acier connurent une grande vogue en Amérique, au dix-neuvième siècle, et c'est sur l'un des plus célèbres de ceux-ci que porte le rapport de l'ingénieur John Roebling intitulé *Report of the Chief Engineer of the New York and Brooklyn Bridge, January 1st, 1877* (Brooklyn, 1877). Quelques années auparavant, Edwin Clark décrivait un type de construction tout autre dans *The Britannia and Conway Tubular Bridges* (Londres, 1850). Ces deux ponts tubulaires ont servi de modèles pour le pont Victoria construit à Montréal peu de temps après, et lui-même présenté dans une publication très luxueuse de James Hodges, *Construction of the Great Victoria Bridge in Canada* (Londres, 1860). Ces trois ouvrages sur les ponts se trouvent dans la bibliothèque du CCA.

L'un des projets de pont les plus spectaculaires qui soit conservé dans les collections du CCA figure dans un album magnifiquement relié de dessins de Pierre-Dominique Bazaine. Son projet, pour Saint-Pétersbourg, d'un pont suspendu par des chaînes, jeté entre des arches à bossages en forme de pilône, témoigne de l'influence exercée par les monuments relevés lors de la campagne égyptienne de Napoléon. Les vues rapportées de cette expédition furent publiées par le baron Dominique Vivant Denon sous le titre de *Voyage dans la basse et la haute Egypte, pendant les campagnes du Général Bonaparte* (Paris, 1802), livre qui se trouve également dans la bibliothèque du CCA.

La construction des ponts ferroviaires était l'un des sujets de prédilection des photographes du dix-neuvième siècle. Deux des documents photographiques les plus remarquables de la collection du CCA sur le thème des ponts sont les albums réalisés au début des années 1850 par Édouard Denis Baldus pour les chemins de fer français : *Chemin de Fer du Nord, ligne de Paris à Boulogne* (1855) et *Chemin de Fer de Paris à Lyon et à la Méditeranée* [sic] (1859). Pour que Baldus puisse prendre des vues indiquant clairement l'échelle de ces ouvrages et attestant leur solidité, on faisait arrêter les locomotives à vapeur au milieu du pont. Des images isolées de Baldus, Bisson et Le Secq montrent les ponts de la Seine lorsqu'ils furent remplacés, au dix-neuvième siècle, par des structures en acier, et parfois reconstruits en maçonnerie peu après. En ce qui concerne les États-Unis, la collection du CCA comprend un ensemble de trois cent cinquante-deux cyanotypes exécutés par des photographes anonymes et regroupés en deux albums intitulés *Baltimore and Ohio Railroad, Bridges and Buildings, Pittsburgh Division* (1891), et une série de quarante-sept grands tirages argentiques réalisés par Peter Stackpole dans les années 1930 et publiés sous le titre de *Building of the San Francisco–Oakland Bay Bridge*. La collection comprend en outre un volume sans titre datant de 1920 environ, d'un photographe anonyme, qui présente des vues de chemins de fer et d'architecture de la Thaïlande.

Les revues de construction et de génie civil du dix-neuvième siècle, qui sont certainement l'une des principales sources d'information sur la construction des ponts comme sur l'ensemble des innovations techniques de l'époque, occupent une place importante dans la collection de périodiques du CCA. Certaines séries sont particulièrement dignes de mention : *Zeitschrift des österreichischen Ingenieur-und-Architekten-Vereines* (Vienne, 1849–1973); *La Construction moderne* (Paris, 1885–1939); *L'Année scientifique et industrielle* (Paris, 1856–1903), considérée au dix-neuvième siècle comme la «plus grande revue technique et scientifique populaire»; *The Mechanic's Magazine* (Londres, 1825–1844), où l'on trouve de nombreux articles sur le ciment, le béton et les ponts suspendus; *Engineering* (Londres, 1866–1891); *Scientific American* (New York, de 1877 à nos jours).

D'autres ensembles enfin, à l'instar des multiples documents qui sont en rapport avec un même sujet, se déploient à travers tous les départements du CCA. Il s'agit de collections particulières souvent rassemblées par un individu, pendant toute une vie, et entrées au CCA intégralement. La collection d'Edward Craig sur le théâtre en fournit un excellent exemple. Elle est formée de la plus grande partie des livres et des dessins de décors de scène collectionnés par Edward Craig et par son père, le célèbre décorateur de scène Edward Gordon Craig. On y trouve des documents illustrant le décor de scène et l'histoire du théâtre en Italie, en France, en Allemagne et en Angleterre à partir du dix-septième siècle. Parmi les livres, il faut citer le premier traité qui fut publié sur l'architecture de théâtre, le *Trattato sopra la strvttvra de theatri, e scene* de Fabricio Carini Motta (Guastalla, 1676). La collection comprend en outre un album où sont rassemblés plus de sept cents gravures, lithographies, photographies, affiches, manuscrits et coupures de presse, accompagnés d'annotations et de dessins d'Edward Craig.

La bibliothèque

Les architectes ont toujours été des amateurs et des collectionneurs de livres. À cet égard, le noyau de la bibliothèque du CCA fut formé par la collection d'un architecte, laquelle témoigne de l'intérêt porté par celui-ci au développement des villes et tout particulièrement de Montréal. Mais la bibliothèque du CCA a véritablement commencé en 1978, par l'acquisition d'environ 10 000 volumes provenant de la librairie d'architecture de M. Ben Weinreb, à Londres. La bibliothèque du CCA comptait à la fin de 1984 plus de 50 000 titres. Ces acquisitions comprennent des fonds très considérables, tels, en 1981, la collection de l'architecte Ernest R. Graham, directeur de l'agence Graham, Anderson, Probst et White, de Chicago, et, en 1984, la bibliothèque d'Edward Gordon Craig, consacrée à l'histoire du théâtre (voir l'introduction des «Collections»).

La bibliothèque d'Ernest R. Graham, qui comprend 3 357 volumes, illustre remarquablement bien ce que peut représenter une collection de livres montée par un architecte. Ce fonds, entré au CCA avec la collection de dessins et d'albums photographiques de Graham, est d'autant plus riche qu'il était accompagné d'un fichier complet et de dossiers d'acquisition très détaillés, rassemblant la correspondance avec les vendeurs, les factures et les livres d'inventaire. Graham collectionnait, notamment, les livres illustrés de vues d'architecture publiés aux dix-septième et dix-huitième siècles, et il possédait aussi plusieurs des grands traités de la tradition classique et de nombreux ouvrages sur l'ornementation intérieure.

La bibliothèque de Graham comprend un certain nombre de volumes qui permettent de retracer des filiations professionnelles. Ainsi, l'agence de Graham, Anderson, Probst et White, les successeurs de Burnham et Root, avait-elle hérité de l'exemplaire ayant appartenu à Daniel Burnham de *Designs of Inigo Jones* (Londres, 1770), publié par William Kent; c'est donc un livre écrit par un architecte renommé, sur l'œuvre d'un autre architecte également célèbre, et acquis par un praticien de l'architecture. L'agence a également hérité de Burnham son *The Architecture of A. Palladio* (Londres, 1742), signé et daté 1891. Graham possédait aussi l'exemplaire d'Owen Jones du *Mœbel Entwürfe* (Berlin, 1837) de Karl Friedrich Schinkel, et l'exemplaire du *Livre d'Architectvre* (Paris, 1611) de Jacques Ier Androuet du Cerceau ayant appartenu à William Chadfield Mylne, fils de Robert Mylne, dont l'œuvre est particulièrement bien représentée au département des dessins et estampes du CCA. Dans la même collection, l'ex-libris de l'architecte John Adam apparaît dans deux volumes portant sur la vie et sur l'œuvre de Sir Christopher Wren : *Parentalia; or Memoirs of the Family of the Wrens* (Londres, 1750) et *A catalogue of the Churches of the City of London* (Londres, 1726). La collection Graham comprend de plus un exemplaire de la traduction de Vitruve par Claude Perrault (Paris, 1684), acquis et signé par le plus célèbre des élèves de Wren, Nicholas Hawksmoor, à l'époque où ce dernier travaillait dans le bureau de Wren au Scotland Yard. Ce volume illustre bien comment le jeune architecte se forma à partir des projets publiés et des écrits de ses prédécesseurs.

De tels témoignages de la manière dont les architectes acquièrent leur formation abondent dans la bibliothèque du CCA. L'un des exemples les plus extraordinaires de ce genre de filiation est un exemplaire vraisemblablement annoté par Inigo Jones du traité de Sebastiano Serlio sur la géométrie, la perspective et l'architecture de l'Antiquité, *Tutte l'opere d'architettura et prrospetiva* [sic] (Livres I–III, Venise, 1600). On croit que Jones aurait pris cet exemplaire précisément du Livre III comme guide lorsqu'il visita les ruines de l'Italie antique en 1614. L'exemplaire des *Ordonnances des cinq especes de colonnes* (Paris, 1683) de Perrault qui est conservé à la bibliothèque du CCA est signé par André Félibien des Avaux. Plusieurs ouvrages sur les jardins et les aqueducs proviennent de la bibliothèque du chroniqueur et urbaniste John Evelyn, un ami de Wren. Dans la même veine, la collection canadienne comprend le *Traité élémentaire de construction* (Paris, 1823) de Giuseppe Antonio Borgnis, signé par l'architecte Charles Baillargé, originaire de Québec. D'autres volumes de la bibliothèque du CCA témoignent de filiations similaires : l'exemplaire que possédait Auguste Choisy du folio de Pierre Le Muet intitulé *Maniere de bien bastir pour toutes sortes de personnes* (Paris, 1663); une édition de l'*Idea della architettura universale* (Venise, 1615) de Scamozzi, dans une reliure exécutée pour le comte de Burlington; enfin, un exemplaire de *House Beautiful* (River Forest, 1896–1897) dédicacé par Frank Lloyd Wright à George Niedecken.

Outre les livres écrits par des architectes et utilisés par d'autres membres de la profession, la bibliothèque a rassemblé les éditions successives de certains textes pratiques et théoriques fondamentaux de l'histoire de l'architecture. C'est ainsi que le CCA possède cinquante-huit éditions des *Dix livres sur l'architecture* de Vitruve, notamment la première édition incunable intitulée *De architectvra* (Rome, 1485–1486), les éditions établies par Fra Giocondo (Venise, 1511) et par Cesariano (Côme, 1521), et la version italienne de Daniele Barbaro illustrée par Palladio, *I dieci libri dell'architettvra* (Venise, 1556). L'édition de 1552, imprimée par Jean de Tournes à Lyon, porte la signature de l'architecte et jardinier paysagiste Lancelot «Capability» Brown. Cette multiplicité d'éditions de l'ouvrage de Vitruve témoigne de l'influence croissante exercée par l'Antiquité romaine à partir de la fin du quinzième siècle. La bibliothèque du CCA possède aussi huit éditions du *De re aedificatoria* de Leon-Battista Alberti, et près de quarante éditions du traité de Palladio, *I quattro libri dell'architettvra*.

Ces regroupements des différentes éditions des grands traités d'architecture retracent la diffusion des idées de leur auteur à travers les pays et les siècles. Les livres eux-mêmes nous apprennent beaucoup, par leur frontispice, leur typographie, leur reliure, et par la technique de représentation de l'architecture utilisée. Ils reflètent l'histoire du livre au cours des cinq derniers siècles, soit depuis la publication en 1485 du premier traité moderne d'architecture qui fut imprimé, l'édition princeps du livre d'Alberti.

Ces traités étaient conçus à des fins didactiques, s'adressant au maître d'œuvre autant qu'à l'architecte ou au maître d'ouvrage. En France, plus particulièrement, de nombreux ouvrages didactiques dans le domaine de l'architecture allaient être publiés à la suite de la fondation de l'Académie royale d'architecture, au dix-septième siècle. Ces ouvrages, tels le *Cours d'architecture enseigné dans l'académie royale d'architecture* (Paris, 1675–1683) de François Nicolas Blondel, le *Précis de leçons d'architecture données à l'école Polytechnique* (Paris, 1802–1805) de J. N. L. Durand, ou même, plus près de nous, les traités publiés au début du siècle par Julien Guadet, peuvent être consultés au CCA et y être étudiés en rapport avec des dessins et des estampes associés à ces écoles et à ces cours.

L'architecture militaire, autre sujet abondamment représenté dans la collection du CCA, constitue à la fois un aspect de l'histoire locale et un champ d'étude en soi, dans un domaine dont le développement est étroitement lié à l'état d'avancement de la physique et du génie. Dans la bibliothèque du CCA, l'histoire de l'architecture militaire est illustrée par des ouvrages tels que le livre d'Albrecht Dürer montrant une ville imaginaire défendue par des bastions circulaires, *Etliche Underricht zu Befestigung der Stett, Schloss, und Flecken* (Nuremberg, 1527), le traité de Sébastien Le Prestre de Vauban intitulé *De l'attaque et de la défense des places* (La Haye, 1737), et, d'une époque plus récente, des ouvrages illustrant les effets de la démolition des fortifications sur l'aménagement des villes au dix-neuvième siècle.

La collection d'ouvrages écrits par des architectes du vingtième siècle contient un nombre considérable de livres de Le Corbusier, depuis son *Almanach de l'architecture moderne*, publié à l'occasion de l'Exposition Internationale des Arts Décoratifs Modernes, tenue à Paris en 1925, jusqu'à son célèbre exposé sur l'aménagement urbain, *La Ville radieuse* (Paris, 1935). Le CCA possède également les premières éditions des livres de J. J. P. Oud, *Holländische Architektur* (Munich, 1926) et *Nieuwe Bouwkunst in Holland en Europa* (Bosch-en-Duin, 1935), qui viennent étayer la recherche sur le corpus de dessins de J. J. P. Oud conservés au département des dessins et estampes. Enfin, les ouvrages concernant l'aménagement urbain et l'habitat, de l'époque actuelle comme des époques antérieures, sont bien représentés dans la bibliothèque du CCA.

La bibliothèque possède aussi une collection considérable de périodiques. Le CCA est abonné à quelque 300 titres courants, au nombre desquels on trouve les revues publiées par les écoles d'architecture qui, surtout en Amérique du Nord, paraissent en nombre sans cesse croissant. Parmi les séries importantes de périodiques anciens, il faut mentionner le *Propylaën* (Weimar, 1798–1800), publié sous la direction de Goethe, la *Revue générale de l'architecture et des travaux publics* (Paris, 1888–1890), où l'on trouve une abondante documentation relative à l'aménagement de Paris à la fin du dix-neuvième siècle, et *The Architectural Magazine and Journal* (Londres, 1834–1838), la première revue consacrée exclusivement à l'architecture qui fut publiée en Angleterre. Plusieurs périodiques rares enrichissent également la collection, tels *The Builder* (Londres, 1842–1966), *Volné Sméry* (Prague, 1896–1948) et *La construction moderne* (Prague, 1945). Les principaux mouvements de l'architecture du vingtième siècle sont représentés par des périodiques comme *De Stijl* (Delft, Leyde, 1917–1932), *Bauhaus* (Dessau, 1926–1931) et *SA : Sowremennaia Architektura* (Moscou, 1925–1930).

Dessins et estampes

Au cours de ses premières années d'activité, le CCA a rassemblé une importante collection de dessins et d'estampes d'époques antérieures au vingtième siècle. À la fin de 1984, environ 7 000 pièces, en grande partie des dessins, s'étaient ajoutées aux 2 000 feuilles qui formaient la collection commencée par Phyllis Lambert quelque vingt ans plus tôt. En outre, la part accordée aux œuvres du vingtième siècle s'est accrue au cours des dernières années.

L'un des premiers dessins de la collection, acquis en 1961, fut la *Vue perspective de la cour du Belvédère au palais du Vatican, à Rome*. Ce dessin anonyme de la fin du seizième siècle, qui avait d'abord été attribué à Bramante lui-même, montre la solution proposée par l'architecte pour articuler, d'une manière cohérente malgré une forte dénivellation, les murs entourant une cour intérieure destinée aux fêtes et aux cérémonies officielles. Parmi les premières acquisitions, il faut mentionner aussi un dessin vraisemblablement exécuté pour Palladio par Camillo Azzone, *Projet de façade pour l'église San Petronio, à Bologne* (1579) : dans ce dessin, le projet original de Palladio est embelli par l'ajout de statues, peut-être dans le but de convaincre le pape Grégoire XIII que Palladio serait l'architecte tout désigné pour placer une façade classique sur le devant de cette église gothique inachevée.

La théorie et les intentions architecturales sont éclairées par l'étude des projets de décors de théâtre qui, par définition, n'ont pas à supporter de charge ou à résister aux intempéries, et par l'examen des arcs de triomphe temporaires réalisés pour des défilés royaux et autres festivités de cour. Les premiers dessins acquis par Phyllis Lambert comprenaient des projets de décor par Giuseppe Valeriani, Domenico Valleriani, Filippo Juvarra et Vincenzo dal Rè, et des dessins exécutés par des membres de la famille Bibiena. Beaucoup de ces feuilles proviennent de la collection Fatio, mise en vente en 1959.

Une ambition non réalisée de ces premières années consacrées à la collection de dessins d'architecture concernait les plans d'exécution destinés aux maîtres d'ouvrage. Ce n'est qu'avec l'intérêt croissant manifesté pour l'architecture qu'il a été possible de trouver les documents qui illustrent toutes les étapes du travail de l'architecte, à partir des études préliminaires jusqu'aux plans d'exécution.

En 1966, le CCA faisait l'acquisition d'un ensemble d'œuvres, cent dix dessins pour la plupart de Pietro Bracci. Ces très beaux fusains et lavis sont révélateurs du genre de travail qu'un sculpteur et architecte romain du dix-huitième siècle pouvait exécuter. Ces feuilles comprennent des projets et des dessins pour des retables, des tombeaux et des fontaines. La collection renferme également des œuvres d'autres architectes qui aident à mieux comprendre les méthodes de travail de cette époque.

Parmi les ensembles de dessins concernant un bâtiment isolé, il faut citer deux exemples tout à fait remarquables du début du dix-huitième siècle. Le premier, un album de projets pour Ockham Park par Nicholas Hawksmoor (1661–1737), acquis en 1964, illustre l'évolution de la pensée de l'architecte et l'influence qu'exerça sur celui-ci le propriétaire de la maison, le baron Peter King, pendant les années (1724–1730) passées par les deux hommes à l'élaboration de projets pour la modification d'une maison de l'époque jacobéenne. Finalement, la reconstruction d'Ockham Park ne se fit pas entièrement en conformité avec les intentions de Hawksmoor, mais l'attention que celui-ci avait prodiguée à l'élaboration d'au moins quatre projets distincts, d'échelle et d'importance variées, démontrent la complexité du problème architectural lorsqu'il s'agit de modifier un bâtiment existant sans en détruire le caractère. Ces très beaux plans à la plume et encre et à l'aquarelle grise exécutés par Nicholas Hawksmoor, en plus d'attester son talent de dessinateur, forment l'ensemble le plus important d'œuvres graphiques de l'architecte conservées à l'extérieur de la Grande-Bretagne.

Le second de ces ensembles de dessins, dix-sept études minutieuses de Filippo Juvarra (1676–1736) exécutées entre 1718 et 1721, se rapporte au Castello di Rivoli, un palais royal, situé près de Turin, auparavant dans un état de délabrement avancé et maintenant restauré en musée. Non seulement ces dessins, acquis en 1978, retracent-ils l'histoire du Castello, que ne mentionne aucune étude sur l'œuvre de Juvarra, mais ils fourniraient en outre de précieux renseignements pour la restauration de ce palais.

L'un des principaux groupes de dessins du dix-neuvième siècle conservé au CCA, le fonds Rohault de Fleury, fut acquis en 1972. Comprenant des documents manuscrits et quelque 1 200 feuilles de dessins et de plans d'exécution et des lithographies signés, qui étaient annexés aux marchés, le fonds retrace les activités de cette famille d'architectes parisiens sur une période de plus de soixante-dix ans (1800–1872). Hubert Rohault de Fleury fut l'élève de Julien-David Le Roy entre 1800 et 1804, soit entre la fermeture de l'Académie royale d'architecture et la création de l'École des Beaux-Arts. Son fils, Charles, étudia à l'École des Beaux-Arts et à l'École polytechnique, de 1821 à 1824. On peut voir dans l'ensemble de ces dessins les changements survenus pendant les trois premiers quarts du dix-neuvième siècle dans la formation des architectes, la typologie des bâtiments, les procédés et les styles du dessin d'architecture, le vocabulaire architectural, les méthodes de production et de reproduction des plans d'exécution, et enfin, l'organisation du travail en atelier. Le fonds se compose de projets d'urbanisme et de projets d'architecture en rapport avec l'expansion de la ville de Paris, d'études pour l'Opéra de Paris et pour le Musée d'histoire naturelle de Paris, de dessins de concours, de jeux complets de dessins et de plans d'exécution pour des hôtels particuliers, de cahiers de charges, d'estimations de coûts, de correspondance et de commentaires, le tout soigneusement relié en quinze volumes in-folio et constituant un éventail de documents comparable à ce que l'on trouve dans les fonds d'archives d'architectes du vingtième siècle.

La collection se définit aussi par les exclusions. Ainsi, les *vedute* ont-ils été dès le début écartés de la collection de dessins. Si ces vues d'ensemble et ces représentations détaillées de bâtiments fournissent une information qui est essentielle à l'analyse architecturale, la même information se retrouve en grande partie dans les estampes et les photographies. Lorsqu'il s'agit de dessins d'architecture, le principal critère de sélection est leur capacité d'éclairer la pensée de l'architecte, le processus de création et l'élaboration du projet.

À la suite de la création en 1982 du département des dessins et estampes, plusieurs ensembles remarquables de dessins de la Renaissance sont entrés dans la collection, tel le carnet du seizième siècle décrit plus haut (voir l'introduction de «Collections»). Un autre carnet, attribué à l'atelier de Pietro Berrettini, dit Pierre de Cortone, contenant des études d'encadrements de fenêtre, d'entablements et d'autres éléments d'ornementation architecturale, est venu s'ajouter aux dessins du dix-septième siècle, de même qu'une collection de trois cent quarante-cinq dessins, dont la plupart sont allemands. Cet ensemble comprend des épures pour des éléments décoratifs, des dessins ou des projets de maisons et d'églises en Allemagne, et des dessins provenant des Pays-Bas, de la France et de l'Italie. Parmi ces derniers, deux feuilles sont attribuées à Pierre de Cortone.

Également dans la collection du CCA, un groupe de cent quarante dessins exécutés par Luca Danesi (1598–1672) illustre les intérêts en architecture d'un avocat, mathématicien et ingénieur de Ravenne au dix-septième siècle. Danesi fut engagé en qualité d'ingénieur de la ville de Ravenne en 1652, et il devint en 1656 mathématicien du pape. Parmi ses dessins conservés au CCA, on trouve de nombreuses esquisses pour des fortifications et des tours, et des croquis d'autels, de fenêtres et de portes, exécutés lors de ses nombreux séjours en Italie.

Le CCA possède l'équivalent pour le dix-septième siècle des bleus produits de nos jours dans les bureaux d'architectes : il s'agit d'un ensemble exceptionnel de quatorze gravures pour l'église du Dôme des Invalides, à Paris, exécutées d'après des dessins de Jules Hardouin-Mansart. Ces plans d'exécution imprimés, datés de 1687 environ, furent tirés de dessins cotés réalisés par Mansart en rapport avec son projet définitif pour l'église. Ils comprennent deux élévations, cinq coupes et sept plans, dont certains, immenses, ont dû être imprimés sur plus d'une feuille.

Entre 1982 et 1984, de nombreuses pièces importantes du dix-huitième siècle se sont ajoutées à la collection, notamment des projets de Sir William Chambers, de Charles de Wailly, de Carlo Marchionni, ainsi qu'un ensemble de projets de maisons par Robert Mylne. Daté de 1775, un carnet abondamment annoté de Liénard La Planche traite de la construction des dômes et fait état, tout particulièrement, de la controverse entourant les faiblesses du dôme dessiné par Jacques Germain Soufflot pour l'église Sainte-Geneviève, à Paris.

Des estampes représentant des éléments décoratifs dessinés par François de Cuvilliés pour les jardins du château de Nymphenburg, à Munich, et des dessins de J. L. Legeay, prennent place dans le vaste répertoire des ornements qui ont servi à la composition des jardins et à l'élaboration de projets de villes imaginaires : portiques, balustrades, terrasses, vases, obélisques monumentaux. Dans l'aménagement des jardins, à Versailles, par exemple, les vases jouaient un rôle particulier car ils permettaient de marquer les parcours à l'intention des visiteurs. Dans le genre des vues imaginaires de ville classique, les fantaisies architecturales de Louis Jean Desprez (1740–1804) et de Joseph Michael Gandy (1771–1843) représentent probablement un sommet. Les œuvres de ces deux artistes, que l'on peut consulter dans la collection, montrent comment la vision de l'architecte peut transformer un paysage, qu'il prend à l'état sauvage pour en faire une suite d'espaces urbains ordonnés. Ces représentations visionnaires d'un univers sublime ont exercé une grande influence sur l'aménagement des villes.

Le champ couvert par la collection du dix-neuvième siècle a été élargi de manière à y inclure les dessins de concours, tels ceux de Sir Jeffrey Wyatville (1766–1840) pour l'United University Club de Londres (1822). De cette époque, la collection comprend aussi des albums de plans d'exécution au nombre desquels on trouve cent soixante et un folios de dessins de Lewis William Wyatt pour Cuerden Hall, dans le Lancashire (1819). Certains ensembles de dessins sont reliés dans des albums cadeaux : vingt-six dessins pour Dunrobin Castle, en Écosse (1844–1848), provenant de l'atelier de Sir Charles Barry, et trente-quatre esquisses et dessins datant de 1859–1895 pour Kimmel Park, dans le pays de Galles, produits par l'atelier de Nesfield et Shaw. Les douze dessins de Sir John Soane qui sont conservés au CCA représentent le seul ensemble relativement important d'œuvres graphiques de ce grand architecte qu'il soit possible de consulter à l'extérieur de l'Angleterre. Un album français du dix-neuvième siècle produit pour le Conseil des Bâtiments civils (1823–1829) contient quelque soixante-dix dessins montrant les modifications et les améliorations apportées à des bâtiments de certaines villes de province. La collection s'est enrichie en 1982 d'exemples représentatifs de la production de l'École des Beaux-Arts de Paris, ainsi que de celle de Marseille, aux dix-neuvième et vingtième siècles.

Les premières décennies du vingtième siècle sont bien représentées dans la collection par des ensembles tels que les soixante dessins de Mart Stam pour le lotissement de Hellerhoff, datés de 1932. D'autre part, les quarante dessins de l'école d'Amsterdam, les dessins de H. P. Berlage et de Theo van Doesburg, et un corpus de deux cents dessins réalisés par J. J. P. Oud entre 1911 et 1956, constituent une excellente illustration de la contribution majeure des Pays-Bas à l'évolution de la pensée architecturale pendant la première moitié de ce siècle.

Aux dessins de Frank Lloyd Wright déjà conservés dans la collection se sont ajoutés le rendu exécuté par Marion Mahoney de la maison Thaxter Shaw, à Montréal (1915), un grand dessin pour Taliesen, dans le Wisconsin (1937), et un dessin de tapis pour la maison F. C. Bogk (1939). Plus près de nous, en plus des esquisses de Le Corbusier pour la chapelle de Firminy (1973–1978) et pour les maisons de vacances de Cap-Martin (1955), la collection comprend des projets de Mies van der Rohe pour la maison Walter Dexel à Iéna, construite en 1925, ainsi qu'une maquette d'étúde et des dessins pour le palais des congrès de Venise qui fut proposé par Louis I. Kahn en 1968. Les architectes en activité dans les années 1970 sont également représentés dans la collection par de nombreux projets et dessins d'étude : des États-Unis, Robert Venturi, Michael Graves, John Hejduk et Lars Lerup, parmi d'autres; d'Angleterre, Léon Krier; d'Italie, Gaetano Pesce; du Canada, Peter Rose, George Baird et Melvin Charney.

Les archives

Un fonds d'archives d'architecture comprend généralement l'ensemble de la production graphique et des documents écrits d'un architecte ou d'une agence : plans, esquisses, dessins de présentation, photographies, maquettes et autres pièces qui permettent de mieux comprendre l'exercice de la profession, la conception d'un projet ou la personnalité de l'architecte. Les livres annotés et les papiers personnels tels que la correspondance sont par ailleurs très précieux pour retracer les diverses influences ayant agi sur la carrière d'un architecte et pour suivre l'évolution de sa pensée créatrice. La réunion de ces éléments dans un même fonds d'archives, en plus de reconstituer l'activité d'une agence d'architecture, permet de comprendre la genèse des divers projets réalisés par celle-ci.

L'ouverture d'un département des archives au CCA, deux ans après la fondation du Centre, a coïncidé avec l'acquisition du fonds d'Ernest Cormier, qui fut peut-être le plus grand architecte canadien de la première moitié du vingtième siècle. Le fonds, acquis de la veuve de l'architecte, Mme Clorinthe Perron-Cormier, est entré dans la collection du CCA par sections : la plus importante en 1981, et divers ajouts au cours des deux années suivantes. Les archives du fonds Cormier englobent l'ensemble de ses activités professionnelles de 1892 à 1979; elles ont rapport à quelque quatre-vingts projets et réalisations. Ernest Cormier a d'abord reçu à Montréal une formation d'ingénieur, puis il a étudié à l'École des Beaux-Arts de Paris; il est revenu dans sa ville natale en 1918 et y a entrepris une brillante carrière d'enseignant et d'architecte.

À la somme d'information que représentent les quatre-vingt-treize mètres linéaires de documents écrits du fonds Cormier, principalement des livres de compte et des registres, s'ajoutent plus de vingt-neuf mille documents graphiques et quatorze mille photographies. Le fonds contient en outre des volumes (dont certains furent reliés par Cormier lui-même) provenant de la bibliothèque personnelle de l'architecte, des maquettes, des instruments de dessin et certains éléments de mobilier, ainsi que des médailles et divers autres souvenirs personnels. Au nombre des plus importantes réalisations de Cormier représentées dans le fonds, il faut mentionner les églises Sainte-Marguerite-Marie (1923) et Saint-Ambroise (1928) à Montréal, le pavillon principal de l'Université de Montréal (1928–1932 et 1941–1944), l'édifice de la Cour Suprême du Canada à Ottawa (1938–1950), et le Grand Séminaire de Québec (1941–1960).

Le fonds Ludger et Paul-M. Lemieux, donné au CCA par M. Robert Lemieux en 1982, retrace l'activité d'une famille d'architectes québécois entre 1897 et 1966. Le fonds est constitué principalement de quelque cinq mille documents graphiques, pour la plupart des dessins sur toile, de trois cent vingt photographies et de cinq mètres linéaires de documents écrits. L'agence de la famille Lemieux fut ouverte en 1897 par Ludger Lemieux, diplômé de l'université McGill, en association avec Joseph-Honoré MacDuff. Paul-Marie Lemieux s'est joint à l'agence de son père en 1931.

Au nombre des quelque cinq cents projets que compte ce fonds, figurent de nombreuses églises de Ludger Lemieux : l'église Saint-Paul de Grand-Mère (1910), l'église Saint-Pierre de Shawinigan (1929), et, à Montréal, les églises Saint-Zotique (1910–1911), Saint-Irénée (1912), Saint-Vincent-de-Paul (1930) et Saint-Vincent-Ferrier (1930). À partir de 1922, Paul-M. Lemieux a collaboré avec son père à la réalisation de grands projets, notamment le marché Atwater de Montréal (1932–1933), et, ultérieurement, il se vit confier l'entière responsabilité de nombreuses écoles et d'édifices commerciaux. Le plus connu parmi les édifices qui furent des réalisations personnelles de Paul-Marie Lemieux est probablement le Musée Historique Canadien, aussi appelé le Musée de cire de Montréal (1949). À l'intention des chercheurs, le CCA a publié le *Guide du Fonds Ludger et Paul-M. Lemieux / Inventory of the Archive of Ludger and Paul-M. Lemieux* (mars 1983), publication qui a obtenu le soutien financier des Archives publiques du Canada.

Le fonds Ernest Isbell Barott a été donné au CCA en 1982 par l'agence de Stahl et Nicolaidis, successeurs actuels de l'agence de Barott, qui elle-même fut formée sous le nom de Barott, Blackader et Webster en 1912. Originaire de l'état de New York, c'est d'abord pour le compte de la célèbre agence new-yorkaise de McKim, Mead et White que Barott travailla comme dessinateur. En 1911 il vint à Montréal. Le fonds Barott comprend sept mille cinq cents dessins et estampes, mille deux cent trois photographies et quatre mètres linéaires de documents écrits, en rapport avec trois cent soixante-deux projets d'architecture réalisés entre 1912 et 1963. Ces projets couvrent un large éventail de bâtiments, depuis les grands édifices commerciaux élevés dans plusieurs villes canadiennes, jusqu'aux remarquables constructions résidentielles réalisées par l'agence à Montréal même.

Le fonds Barott comprend une abondante documentation sur les gares du Canadien Pacifique à Vancouver (1912) et à Winnipeg (1913), sur le siège de la société Canada Cement de Montréal (1922), sur le magasin de la Compagnie de la Baie d'Hudson à Winnipeg (1925), le siège de la compagnie de téléphone Bell Canada à Montréal (1928), l'immeuble Aldred de Montréal (1929), le central de la compagnie de téléphone Bell Canada à Montréal (1930), et le siège social de la Compagnie d'assurance-vie de Montréal (1956–1957). Dans plusieurs cas, le fonds comprend tous les documents ayant accompagné la réalisation de ces projets : correspondance, devis, soumissions et contrats, de même que dessins de présentation et plans d'exécution. Le CCA a également publié un guide de ce fonds, le *Guide du Fonds Ernest Isbell Barott/Inventory of the Archive of Ernest Isbell Barott* (juin 1985).

En 1983, Mme Madeleine Dumais, veuve de l'architecte Roland Dumais, a fait don au CCA des documents relatifs à cinq cents projets dessinés par son mari entre 1937 et 1975. Celui-ci, après avoir terminé en 1935 ses études à l'École des Beaux-Arts de Montréal, a poursuivi sa carrière dans cette ville. Parmi ses dernières réalisations, il faut mentionner le nouveau pavillon de l'École des Hautes Études Commerciales (1967), situé sur le campus de l'Université de Montréal. Également en 1983, les documents en rapport avec trente-trois projets par A. Dennis Thacker ont été offerts au CCA par la fille de l'architecte, Mme Naomi Morehouse. Ces deux fonds donnent un aperçu de l'activité des architectes montréalais dans les années 1940 et 1950.

En 1984, l'architecte Pierre Dionne a fait don d'un fonds comprenant plus de quatre cents projets réalisés entre 1950 et 1976. Généralement situés dans de petites villes du Canada, ces projets témoignent néanmoins de l'influence des grands courants internationaux sur un architecte local.

À ces archives provenant d'agences d'architecture, se sont ajoutés deux fonds de nature différente. Ainsi, le CCA possède environ cinq cent cinquante dessins correspondant aux quelque cent cinq projets présentés lors du concours pour le nouveau Musée d'art contemporain de Montréal, tenu en 1984; il s'agit donc dans ce cas d'un important corpus de documents concernant un type particulier de bâtiment. Les archives du CCA sont également le dépôt de la documentation rassemblée par le Groupe de recherche sur les bâtiments en pierre grise de Montréal (GRBPGM). Ces documents, recueillis depuis 1975, comprennent des notes de recherche, des textes non publiés, des cartes originales et des reproductions, des photographies, des ouvrages de référence et diverses études. Ce fonds constitue la base d'un centre de recherche sur l'histoire, l'architecture, l'aménagement et le développement de Montréal.

Enfin, le CCA rassemble une documentation suivie et complète de la construction de son nouvel édifice. Celui-ci témoignera des tendances architecturales des années 80, notamment en ce qui a trait à la conservation des bâtiments anciens et à leur réintégration dans le tissu urbain.

Les photographies

La collection de photographies du CCA est unique. Elle est la seule du genre à s'intéresser à la fois aux images d'architecture à caractère documentaire, à l'esthétique et à la qualité de la photographie d'architecture. En poursuivant ces objectifs, le CCA a élevé la représentation de l'architecture au rang des grands domaines de l'histoire de la photographie.

La collection embrasse toute l'histoire de la photographie depuis son apparition en 1839 — année où Daguerre et Talbot rendirent publiques leurs découvertes respectives — jusqu'à nos jours. Dès le début, la collection a eu pour but de rassembler les plus belles œuvres des grands photographes qui se sont intéressés tout particulièrement à l'architecture.

Le premier critère de sélection des œuvres a

toujours été celui de l'excellence, mais la collection fait place aussi à des productions plus modestes. En effet, elle se propose de fournir aux spécialistes de l'histoire de l'architecture une documentation photographique aussi exhaustive que possible en rapport avec leur sujet de recherche, et en même temps, d'offrir aux historiens de la photographie une collection reflétant en profondeur l'évolution de l'art de la photographie à travers l'architecture. Le texte ci-après est un résumé certes incomplet mais quand même représentatif. Ce guide succinct renseigne le lecteur sur la diversité et la richesse de la collection.

Daguerréotypes

Les daguerréotypes qui représentent des vues d'architecture sont les simages photographiques les plus rares qui soient en raison de la manipulation laborieuse nécessaire à la production de ces plaques uniques. La clarté et la netteté sont les grandes qualités du daguerréotype. Chaque plaque de cuivre argenté est une glace reflétant la nature d'une façon vivante et directe, rarement égalée dans d'autres images. Au cours des dernières années, le CCA a réussi à acquérir plusieurs daguerréotypes de grande qualité qui ont enrichi la collection d'une façon significative. Deux œuvres attribuées à Victor Chevalier sont les seules représentations photographiques connues de l'hôtel d'Uzès construit par Nicolas Ledoux.

France

Breton frères, *Église Saint-Sulpice vue de l'est*, vers 1839, daguerréotype ½ plaque
Victor Chevalier (attribué à), deux daguerréotypes pleine plaque de la façade de l'hôtel d'Uzès, Paris vers 1848
Baron Jean-Baptiste Gros, «Vue des Propylées prise de l'intérieur de l'Acropole,» 1852, daguerréotype pleine plaque

Angleterre

Les daguerréotypes anglais de vues architecturales sont rares; la collection n'en compte que neuf, c'est-à-dire une œuvre de :
Richard Beard, *Façade ouest de la cathédrale de Wells*, années 1840, daguerréotype ⅙ plaque
Et huit daguerréotypes en stéréoscopie qui représentent le Crystal Palace à Sydenham, notamment une œuvre de :
Negretti et Zambra, *Queen Victoria and Prince Albert, Napoléon III and the Empress Eugénie on the Dais at the Crystal Palace on the occasion of their Visit, April 20, 1865*

États-Unis

Aux États-Unis, les daguerréotypes de vues architecturales représentent des bâtiments plus modestes. À cause de la rareté des constructions monumentales, les photographes s'intéressèrent à l'architecture vernaculaire : moulins à bois, églises, vues de villes et villages et architecture domestique. La collection possède quelques daguerréotypes anonymes et une plaque de Samuel Bemis.

Moulin près d'une rivière et d'une chute, ville non identifiée, Nouvelle-Angleterre (?), vers 1850, daguerréotype ⅙ plaque
Samuel Bemis, *Cimetière de la King's Chapel*, Boston, 1840–1841, daguerréotype pleine plaque
George Barnard (attribué à), *Oswego, New York*, vers 1848–1854, daguerréotype ⅙ plaque

Le calotype en Angleterre et en France

Peu de temps après l'annonce de la découverte de Daguerre, William Henry Fox Talbot rendit publique la technique du négatif sur papier salé dont on pouvait tirer des épreuves positives. L'invention du procédé de Talbot est à l'origine de la photographie moderne. Avec la possibilité de multiplier la même image, la photographie d'architecture devenait une entreprise commerciale viable.

La collection compte un grand nombre de calotypes exécutés par des photographes anglais contemporains de Talbot et de la génération suivante. Parmi les premiers maîtres représentés dans la collection, plusieurs sont des grands de la photographie britannique.

Cette période de la photographie d'architecture est marquée par l'expérimentation et la découverte. Les photographes puisent à toutes les sources; ils n'hésitent pas à s'inspirer des peintres et graveurs topographes et adaptent le vocabulaire de la représentation classique au nouveau moyen d'expression.

Peu de temps après, les praticiens français reprennent l'invention de Talbot et ont vite fait de l'améliorer. L'un des plus célèbres est Gustave Le Gray, inventeur du négatif sur papier ciré lequel est d'une manipulation plus aisée et permet un degré de résolution accru. Le Gray a pour collègues Édouard Baldus, dont le CCA possède la première œuvre connue, datée de 1849, et Henri Le Secq, dont les études de cathédrales constituent l'une des utilisations les plus fines de vues détaillées en architecture.

Angleterre

Alfred Capel-Cure, *Vues d'Angleterre, d'Écosse, du pays de Galles et de France*, vers 1850, album de 232 épreuves argentiques à l'albumine et épreuves argentiques au sel tirées de négatifs sur papier

Robert Henry Cheney, «Reading Room, British Museum in Course of Erection», vers 1850, épreuve argentique à l'albumine tirée d'un négatif sur papier

David Octavius Hill et Robert Adamson, 17 calotypes positifs représentant des vues d'architecture en Écosse, début des années 1840, dont deux grands calotypes positifs (chacun d'environ 30 cm sur 38 cm) : *Hôtel de ville et fontaine, Linlithgow*, 1845 *Maison de John Knox, High Street, Édimbourg*, années 1840

Calvert Jones, *Le port de Naples*, vers 1846, calotype positif

William Henry Fox Talbot, 10 calotypes positifs et 6 gravures, procédé photoglyptique, notamment *Calvert Jones à l'entrée de Lacock Abbey*, 1844–1846

Benjamin Brecknell Turner, 9 épreuves argentiques à l'albumine tirées de négatifs sur papier ciré, vers 1855. La plupart représentent des abbayes et des cathédrales en Grande-Bretagne.

France

Édouard Baldus, *Chapelle Sainte-Croix à Montmajour*, 1849, épreuve au sel, première œuvre connue de Baldus

Hippolyte Bayard, *Bibliothèque du Louvre*, 1849, épreuve au sel

Gustave Le Gray, *Entrée de Napoléon III aux Tuileries après son sacre*, 1852, épreuve au sel

Henri Le Secq, «Portail Méridional de l'église de (sic) Notre-Dame», début des années 1850, épreuve au sel

Henri Le Secq, *Sculptures du jambage du portail de Saint-Firmin, cathédrale d'Amiens*, 1852, épreuve au sel

Charles Marville, plus de 50 épreuves argentiques au sel et épreuves argentiques à l'albumine, notamment une série de vues du Bois de Boulogne qui représentent les pavillons et le parc à l'époque où celui-ci fut achevé

Charles Marville, «Fontaine du jardin du Luxembourg (Grotte de Marie de Médicis)», planche n° 36 du volume *Mélanges photographiques*, publié par Blanquart-Évrard, 1851

Charles Nègre, *Façade occidentale de l'église Saint-Trophîme, Arles*, 1852, épreuve au sel

Le procédé au collodion

La dernière grande invention marquant les débuts de la technique photographique remonte à 1851, année où Frederick Scott Archer introduit en Angleterre le procédé au collodion. Cette époque est l'un des sommets de l'histoire de la photographie d'architecture. Les grands utilisateurs du procédé, entre autres Le Gray, Bisson frères, Macpherson et les frères Alinari, sont bien représentés dans la collection du CCA. D'ailleurs les architectes du temps collectionnèrent un grand nombre de ces images qui influencèrent profondément la pensée architecturale de l'époque.

Fratelli Alinari, *Vues de Florence, de Pise, de Lucques et de Sienne*, vers 1855, 80 épreuves argentiques à l'albumine présentées dans un album ayant une couverture de velours ornée d'armoiries en argent finement ciselé

Frederick Scott Archer, *Étude d'une église*, vers 1855, épreuve argentique à l'albumine

George Barnard, 13 épreuves argentiques à l'albumine tirées des *Photographic Views of Sherman's Campaign*, New York, George N. Barnard, 1866

Bisson frères, *Flèche de Notre-Dame de Paris, en cours de construction*, début des années 1850, épreuve argentique à l'albumine

Collection de Matthew Brady et de E. et H. T. Anthony, 784 négatifs sur verre au collodion humide, vues d'architectures en différents formats, prises aux États-Unis, années 1850 à 1890

Charles Clifford, *Recuerdos Fotográficos del Viaje de SS. MM. Y AA. las Islas Baleares, Cataluña y Aragón. 1860*, 56 épreuves argentiques à l'albumine

Robert Macpherson, *Arche de Septime Sévère vue du Tabularium*, années 1860, épreuve argentique à l'albumine

Robert Macpherson, *Le Panthéon, Rome*, années 1863, épreuve argentique à l'albumine

Lewis Emory Walker, 5 épreuves au sel illustrant l'excavation de l'emplacement du Treasury Building à Washington, D.C.

Lewis Emory Walker, 24 épreuves argentiques à l'albumine illustrant la construction, de 1858 à 1867, du Treasury Building

Albums et livres illustrés

Les albums et les livres illustrés apparurent presque aussitôt après le dévoilement du processus du calotype. Le premier livre de photographies publié par Talbot s'intitule *The Pencil of Nature* (n'appartient pas à la collection). Son deuxième recueil, *Sun Pictures in Scotland*, est le prototype même de ce genre de publication et traite avec intelligence de l'architecture en tant que domaine de la photographie. Chose intéressante, cet album est aussi un document de voyage, en l'occurrence sur l'Écosse. George Bridges fit œuvre de pionnier en publiant un album de calotypes sur Athènes et l'Acropole. Il s'agit des plus anciennes vue photographiques de cette ville qui nous soient parvenues. Œuvre d'un expert des civilisations anciennes, cet album est à l'origine de la tradition savante qui sera perpétuée par nombre de photographes dont Auguste Salzmann et Richard Banner Oakly.

Albums de voyage et d'exploration

Abdullah Frères, *Vues et Types de Constantinople : Photographies d'après nature par les frères Abdullah*, album de 49 épreuves argentiques à l'albumine, vers 1865–1870

Felice Beato, *Vues du Japon*, album sans titre de 93 épreuves argentiques à l'albumine, vers 1870

Félix Bonfils, *Souvenirs d'Orient : Album Pittoresque des Sites, Villes & Ruines les plus remarquables de la Terre-Sainte*, publié en 1878, 50 épreuves argentiques à l'albumine accompagnées chacune d'un texte

George Bridges, *Talbotypes of the Shores of the Mediterranean, 1846–1852. Selection from Seventeen-Hundred Genuine Photographs (Views-Portraits-Statuary-Antiquities): Taken around the Shores of the Mediterranean between the Years 1846–1852. Soixante-six épreuves au sel, accompagnées d'un texte d'introduction et de la liste des planches. Série de vues de l'Acropole et des ruines environnantes; format portfolio qui n'a jamais été publié.*

Louis Le Clercq, Voyage en Orient et *Voyage en Espagne*, publiés à compte d'auteur à Paris, 1859–1860, en 6 volumes qui renferment 222 épreuves argentiques à l'albumine tirées de négatifs sur papier ciré

Maxime Du Camp, *Égypte, Nubie, Palestine et Syrie*, Paris, Gide et J. Baudry, 1852, 125 épreuves au sel tirées selon le procédé Blanquart-Évrard d'un négatif sur papier ciré; première publication en France d'un ouvrage important de photographies originales

Francis Frith, *Egypt, Sinai and Jerusalem: A Series of Twenty Photographic Views by Francis Frith. With Descriptions by Mrs. Poole and Reginald Stuart Poole*, Londres, William Mackenzie, sans date, 20 planches de très grand format, épreuves argentiques à l'albumine tirées de négatifs réalisés en 1857–1858

Auguste Salzmann, 28 planches du portfolio *Jérusalem, étude et reproduction photographique des monuments de la ville sainte Jérusalem*, Paris, Gide et J. Baudry, 1856

William Henry Fox Talbot, *Sun Pictures in Scotland*, 1845, album de 23 calotypes positifs

Albums sur la guerre, les révolutions et les catastrophes naturelles

Les empires en expansion provoquèrent des événements qui entraînèrent plusieurs fois des photographes dans leur sillage. L'un des plus célèbres, Felice Beato, suivit les campagnes militaires à partir de la Crimée jusqu'en Corée et produisit un album saisissant sur la révolte des Cipayes à Lucknow. Les Français, pour leur part, nous laissent une abondante documentation photographique sur la guerre franco-prussienne et sur la Commune; certains photographes réalisèrent des albums rappelant les destructions dont la France fut victime au cours de ces années tumultueuses. Parmi les publications sur les catastrophes naturelles, mentionnons l'album de Stoddard sur le tremblement de terre de San Francisco et un album de cartes postales, œuvre d'un photographe anonyme, qui montre un Paris temporairement bouleversé par l'inondation de 1910. Ces albums témoignent de l'évolution des villes à travers des événements qui furent à l'origine de reconstructions.

Felice Beato, *Lucknow*, album de 96 épreuves argen-

tiques à l'albumine illustrant en détail la destruction de Lucknow en Inde, 1857–1858
B. Braquehais, *Siège de Paris, 1870–1871 : Album historique des malheurs de Paris*, album de 26 épreuves argentiques à l'albumine sur la destruction de Paris pendant la Commune
Alexander Henderson, *Snow and Flood after Great Storms of 1869*, Montréal, A. Henderson, 1869, 18 épreuves argentiques à l'albumine
James Stoddard, *San Francisco Earthquake*, 1906, album de 51 épreuves argentiques à la gélatine; document photographique sur la dévastation causée par le séisme et l'incendie à San Francisco, Californie, du 18 au 21 avril 1906
Neurdein Frères, *Paris 1910*, vers 1910, album de 100 cartes postales, épreuves argentiques à la gélatine montrant les résultats de l'inondation de Paris
August Sander, *Köln nach der Zerstörung, 1945–1946*, deux portfolios de 37 épreuves argentiques à la gélatine sur la destruction consécutive aux bombardements des Alliés. (Ces ouvrages complètent un portfolio réalisé par Sander intitulé *Chronik der Stadt Köln*, montrant Cologne avant la guerre.)

Édouard Baldus

Le photographe français Édouard Baldus reçut un certain nombre de commandes en vue de constituer l'inventaire photographique des nouveaux itinéraires des chemins de fer en France. Certains des albums qu'il produisit s'adressaient aux investisseurs; d'autres avaient un but commémoratif, comme celui qui rappelle le voyage de la reine Victoria de Paris à Boulogne en 1855. Ces albums, qui renferment surtout des planches de très grand format, sont remarquables pour la variété des vues d'architecture ancienne et nouvelle. Aux photographies des cités de jadis, succèdent celles des gares nouvelles et des chemins de fer. À l'avènement du transport par rail, il devint possible de se déplacer rapidement d'un bout à l'autre du pays. Baldus fut probablement le premier à se rendre compte que les déplacements en train augmentaient considérablement la gamme potentielle des sujets pour le photographe.

Chemin de fer du Nord, ligne de Paris à Boulogne : Vues photographiques, 1855, album d'épreuves argentiques à l'albumine et d'épreuves argentiques au sel; 50 planches au total
Chemin de fer de Paris à Lyon et à la Méditérannée, 1859, album de 69 épreuves argentiques à l'albumine
Monuments de Paris, album de 42 épreuves argentiques à l'albumine qui représentent les grands monuments de la ville, fin des années 1850

Albums de photographies de construction

La photographie se révéla un instrument sans égal pour suivre les diverses étapes d'une construction. Jamais auparavant il n'avait été possible de consigner avec une telle précision l'édification et l'évolution d'un bâtiment. On s'efforçait entre autres choses de produire des documents photographiques sur les projets de construction.

Le Nouvel Opéra de Paris, 1875–1876, 4 albums qui renferment 114 épreuves argentiques à l'albumine par Édouard, Durandelle pour illustrer les volumes de Charles Garnier
Fried, Krupp Essen, années 1860 à 1880, portfolio d'épreuves argentiques à l'albumine (notamment des panoramas), planches en phototypie illustrant les aciéries Krupp, vues de l'intérieur et de l'extérieur des bâtiments et de pièces métalliques finies
Les Travaux publics de la France en 5 volumes, accompagnés chacun d'un texte, de chromolithographies et 50 planches en phototypie : *Routes et Ponts*, *Chemins de fer*, *Rivières et Canaux*, *Ports de mer*, *Phares et Balises*. Sous la direction de M. Léonce Raynaud, Inspecteur général des Ponts et Chaussées, Paris, J. Rothschild, Éditeur, 1883
Viaducs de Garabit et de la Tardes, 1878–1884, portfolio de 51 épreuves argentiques à l'albumine par A. Terpereau et autres illustrant les étapes de construction de ponts conçus par Gustave Eiffel
Ville d'Hiver, album de 40 épreuves argentiques à l'albumine par A. Terpereau, vers 1870
Photographies des ponts, viaducs et machines, 2 volumes décidacés par Gustave Eiffel réunissant les œuvres de plusieurs photographes, notamment Terpereau, Duclos et Berthaud; 62 épreuves argentiques à l'albumine illustrant les étapes de construction de ponts et autres projets d'ingénierie

Catalogues et albums publiés par des photographes

L'une des nouveautés des années 1870 fut la production de photographies de petit format destinées aux touristes. Ces derniers pouvaient les choisir dans des catalogues d'échantillons (comme celui de Francis Frith intitulé *Cathedrals* ou *Bristol* produit par Georges Washington Wilson) et passer une commande pour recevoir ensuite l'album d'images. Peu à peu, ce genre de livre céda la place aux albums souvenirs publiés en différents formats, le plus souvent reliés d'une façon recherchée.

Francis Bedford, *Photographic Views of Torquay*, dans les années 1860, album de 30 épreuves argentiques à l'albumine
George Robinson Fardon, *San Francisco Album : Photographs of the Most Beautiful Buildings of San Francisco*, San Francisco, Herr and Bauer, 1856, 32 épreuves sur papier en sel légèrement albuminé
Francis Frith, *Frith's Photo Pictures : Cathedrals*, vers 1885, album de 300 épreuves argentiques à l'albumine
Underwood and Underwood, 2 albums qui renferment 207 vues aériennes de la ville de New York dans les années 1930 et 1940
George Washington Wilson, *Bristol : Photographs by G.W. Wilson and Co.*, années 1870, album de 195 épreuves argentiques à l'albumine

Les années 1870 et 1880

La technique photographique en Europe s'était simplifiée beaucoup; grâce aux nouvelles méthodes de production en série, la photographie devint une activité assez lucrative mais il s'ensuivit une baisse générale de la qualité et le désengagement de plusieurs des plus célèbres photographes de la première heure. Certains sujets cependant gagnèrent la faveur des photographes. On commença à cette époque à s'intéresser au délabrement des villes et au renouveau urbain. Parmi les photographies documentaires les plus remarquables, mentionnons un reportage de Thomas Annan sur les quartiers miséreux de Glasgow et une série de photographies de vénérables édifices londoniens menacés que réalisèrent Henry et T. J. Dixon ainsi qu'Alfred et John Bool pour la Society for Photographing Relics of Old London. Ces images documentaires, si éloquentes dans leur rendu, firent évoluer la notion de sujet en photographie d'architecture; on attacha moins d'importance au caractère monumental de l'architecture pour se pencher davantage sur ses aspects vernaculaires.

Cette époque vit aussi l'éclosion de la photographie américaine. En 1874, le photographe Carleton Watkins fut engagé par Milton S. Latham pour exécuter un relevé photographique du domaine de Thurlow Lodge, situé dans le Menlo Park en Californie. Il constitua avec ses photographies deux albums, aujourd'hui considérés comme des documents uniques sur l'une des plus extraordinaires demeures de cette époque.

Livres et albums de Thomas Annan, notamment *Glascow Improvement Act, 1866 : Photographs of Streets, Closes, Etc., Taken 1868–71*, portfolio de 31 épreuves argentiques à l'albumine, et *Memorials of the Old College of Glascow*, 1871, livre qui renferme 41 épreuves au charbon
Thomas Annan, *Castles and Mansions of Renfrewshire and Buteshire*, 1889, livre par A. H. Miller qui renferme 65 épreuves au charbon
Henry et T. J. Dixon, Alfred et John Bool, *The Society for Photographing Old London*, 1875–1886, portfolio de 120 épreuves au charbon
James Mudd, 60 épreuves argentiques à l'albumine qui représentent Manchester et ses environs, années 1870
Timothy O'Sullivan, 5 épreuves argentiques à l'albumine sur le Sud-Ouest américain, réalisées pendant les expéditions subventionnées par le gouvernement au début des années 1870
Isaiah Taber, *The Taber Photographic Album : San Francisco 1880*, album de 88 épreuves argentiques à l'albumine
Carleton E. Watkins, *Views of Thurlow Lodge*, 1874, 2 volumes regroupant 63 planches d'épreuves argentiques à l'albumine de très grand format

La stéréoscopie

Les toutes premières vues stéréoscopiques ont été réalisées peu de temps avant que ne soit rendue publique l'invention de la photographie. En 1838, Sir Charles Wheatstone parvint à représenter en stéréoscopie de simples formes géométriques dessinées à la main. Le daguerréotype fut adapté au stéréoscope en 1844, mais il fut par la suite remplacé par le procédé au collodion qui rendait possible la production de plaques en grande quantité. Il n'est guère surprenant que l'architecture ait été l'un des sujets les plus exploités en stéréoscopie, car la sensation d'espace tridimensionnel est très convaincante dans une vue stéréoscopique réussie. Ces vues représentaient une grande variété de sujets qui avaient été enregistrés partout à travers le monde. Le procédé resta en vogue jusqu'aux débuts du vingtième siècle.

Plusieurs photographes, série d'épreuves argentiques à l'albumine, vues stéréoscopiques du Crystal Palace à Sydenham, Angleterre, vers 1860
Édouard Baldus, 2 épreuves argentiques au sel, vues stéréoscopiques du jardin du Luxembourg, vers 1855
Robert Macpherson, 10 épreuves argentiques à l'albumine, vues stéréoscopiques de l'intérieur du Vatican et des temples de Tivoli, fin des années 1850
William Notman, 15 épreuves argentiques à l'albumine, vues stéréoscopiques du pont Victoria à Montréal, vers 1870
Eugène Sévaistre, *Souvenirs stéréoscopiques d'Italie* et *Souvenirs stéréoscopiques d'Espagne*, vers 1859, vues stéréoscopiques; 330 et 296 épreuves argentiques à l'albumine en deux albums

Le vingtième siècle en Europe

Même s'ils se sont inspirés de la tradition du dix-neuvième siècle, Eugène Atget et Frederick Henry Evans apportèrent beaucoup à la façon d'interpréter le sujet. La période de l'entre-deux-guerres donna lieu à de nouvelles expérimentations. Influencés par le Bauhaus, le dadaïsme et le surréalisme, les photographes commencèrent à appréhender l'architecture sous un angle nouveau. Les nouveaux venus, Moholy-Nagy, Lucia Moholy, Werner Mantz et Albert Renger-Patszch, rejettent les conventions de la composition. En Angleterre, Bill Brandt produit une œuvre animée par les préoccupations sociales. En France, Brassaï entreprend son œuvre la plus célèbre qui évoque brillamment les nuits de Paris. L'appareil portatif remplace l'appareil sur trépied sauf pour la photographie d'architecture. À l'aube de la Seconde Guerre mondiale, la photographie européenne n'a plus le même élan, et une fois de plus, elle est éclipsée par la photographie américaine.

Vingt-sept épreuves argentiques à la gélatine de photographes travaillant à l'école du Bahaus à Dessau, notamment une série complète de photographies par Lucia Moholy qui travailla à l'école. Ces images représentent l'école même et les bâtiments voisins.
Eugène Atget, groupe de 53 épreuves argentiques sur papier à noircissement direct de vues d'architecture à Paris et ailleurs en France
Ilse Bing, 2 albums d'épreuves argentiques à la gélatine, début des années 1930 : *Hellerhof Siedlung Album*, 30 épreuves argentiques à la gélatine représentant un complexe d'habitations conçu par Mart Stam, Francfort, Allemagne, et *Budge Haus Album*, 68 épreuves argentiques à la gélatine d'une maison de retraités conçue par Mart Stam, Francfort, Allemagne
Bill Brandt, 16 épreuves argentiques à la gélatine, notamment : *La cathédrale de Saint-Paul au clair de lune*, 1939, et *Park Crescent pendant le black-out, Londres*, 1939
Brassaï, 6 épreuves argentiques à la gélatine, notamment «Arcades de la rue de Rivoli, les Grilles des Tuileries», Paris, vers 1934
Frederick Henry Evans, 68 photographies; la plupart sont des épreuves au platine; le reste est formé d'épreuves argentiques à la gélatine et d'épreuves argentiques à l'albumine; aussi, un portfolio intitulé *York Minster, Chapter House : Photographs in Platinotype by Frederick H. Evans*, vers 1902, 95 épreuves au platine de détails architecturaux de l'intérieur du chapitre d'York Minster
Frederick Henry Evans, 704 diapositives sur plaque de verre sur différents sujets dans les domaines de l'architecture, de la botanique et de la biologie
Werner Mantz, 34 épreuves argentiques à la gélatine sur l'architecture allemande : bâtiments industriels, intérieurs, architecture urbaine contemporaine, etc.; notamment, *Gymnase d'une école publique à Köln-Zollstock* conçu par l'architecte Wirminghaus, 1929, et *l'Édifice du quotidien Kölnische Zeitung à Cologne*, 1928
Albert Renger-Patszch, 20 épreuves argentiques à la gélatine sur l'architecture allemande : églises, bâtiments industriels et édifices urbains contemporains, datant toutes des années 1920 à la fin des années 1940, notamment, *Château, Gemen, Westphalie* et *Marienkirche, Zwickau*
August Sander, 44 épreuves argentiques à la gélatine sur l'architecture en Allemagne et en Italie ainsi que des portraits d'architectes, notamment, *La cathédrale, la «Tour penchée» et le Baptistère de Pise*, vers 1930, et *Portrait de l'architecte Fritz August Bruehaus de Groot*

Le vingtième siècle aux États-Unis

Après un séjour en Allemagne pour apprendre le métier de photographe, Alfred Stieglitz revient aux États-Unis en 1890. Son œuvre de précurseur influencera profondément la photographie en tant que moyen d'expression et son évolution artistique sera étroitement liée à celle des États-Unis. Sa conception, issue du courant pictorialiste, l'amène à fonder le mouvement Photo-Sécession et plus tard à produire des œuvres «précisionnistes».

Dans les années 1920, Walker Evans et Berenice Abbott reviennent à New York après un séjour en Europe et commencent aussitôt à affiner leur conception de la photographie documentaire. Berenice Abbott travaille surtout à New York; quant à Walker Evans, son métier l'amène à voyager de la Nouvelle-Angleterre à la Louisiane. Leur contribution remarquable aidera à l'émergence d'une vision nouvelle de l'Amérique. Evans se distingue dans son œuvre par une transparence rigoureuse et par la noblesse de sujets pourtant humbles. Abbott, vivant dans la promesse de la ville des gratte-ciel, nous communique son enthousiasme. Quant à Samuel Gottscho, son œuvre est le point culminant d'une longue carrière de professionnel consacrée surtout à la photographie d'architecture.

Berenice Abbott, *Changing New York*, 169 épreuves argentiques à la gélatine, début d'octobre 1933 à juin 1938, des renseignements détaillés sur les lieux et les données techniques apparaissent sur certaines épreuves

Alvin Langdon Coburn, *New York*, 1910, livre illustré de 20 photogravures de la ville de New York

Walker Evans, 40 épreuves argentiques à la gélatine dont la plupart sont des vues de l'architecture urbaine et rurale américaine vers 1935, notamment, *Monastère gothique de Louisiane*, 1935, et *Cour de l'hôtel Saratoga Springs*, 1933

Alfred Stieglitz, *Le Rockefeller Center vu de l'hôtel Shelton, New York*, 1935, épreuve argentique à la gélatine

De 1950 à nos jours

Aaron Siskind, Harry Callahan, Robert Frank et Eugène Smith sont les photographes marquants le début de cette période. On assiste à un regain d'intérêt pour les petits formats, et aux États-Unis la «photographie de la rue» prend son essor. Parmi les chefs de file, mentionnons Garry Winogrand et Lee Friedlander. Ils insufflent à la photographie une vivacité nouvelle et créent une discipline pour saisir l'instant privilégié. Ainsi, la rue nous est livrée sous un jour entièrement différent de celui auquel toutes les œuvres antérieures nous avaient habitués.

Le CCA a acquis beaucoup de photographies réalisées par des artistes contemporains. On en trouvera la liste abrégée à la page suivante. Toutes les techniques de la photographie y sont représentées : le blanc et le noir, la photographie en couleurs, qu'on n'a pas voulu exclure malgré des problèmes de dégradation propres à la couleur. D'ailleurs l'aménagement d'un entrepôt refrigéré dans le nouvel édifice du CCA a été prévu pour y conserver les épreuves en couleurs dans les meilleures conditions possibles.

La collection compte aussi des œuvres de :

Ansel Adams
Harold Allen
Gabriel Basilico
Doug Baz
John Breton-Harris
Robert Bourdeau
Marilyn Bridges
Harry Callahan
Eliol Ciol
William Clift
Lynne Cohen
Linda Conner
Lois Conner
Jed Devine
Jim Dow
Louis Faurer
Ed Fausty et Brian Rose
Andreas Feininger
David Firman
Klaus Frahm
Lee Friedlander
Frank Gohlke
E. O. Goldbeck
Emmet Gowin
Jan Groover
Clare Gutsche
David Hanson
Allen Hess
Geoffrey James
Len Jenshel
Ellen Land-Weber
David Miller
Andrew Moore
Nicholas Nixon
Tod Papageorge
Richard Pare
Eliot Porter
Thomas Roma
Stephen Shore
Art Sinsabaugh
Aaron Siskind
Rosalind Solomon
Robert Steinberg
Hiroshi Sugimoto
Gabor Szilasi
Charles Traub
Judith Turner
Laura Volkerding
Geoff Winningham
Garry Winogrand

Développement et activités, 1979–1984

Centre Canadien d'Architecture/ Canadian Centre for Architecture

1440, rue Sainte-Catherine, Ouest, Montréal
1980, rue Sherbrooke Ouest, Montréal
375 Park Avenue, New York
1920, rue Baile, Montréal
(occupation prévue en 1988)

Statut juridique

Octroi des lettres patentes sous le sceau du bureau du ministre de Consommation et Corporations Canada
6 septembre 1979

Constitution des American Friends of the CCA, Washington, D.C.
15 décembre 1981

Reconnaissance à titre de musée public par l'Association des musées canadiens
Janvier 1984

Désignation comme institution de catégorie «A» émise par le ministère des Communications en vertu de la Loi sur l'exportation et l'importation de biens culturels
21 mars 1984

Reconnaissance à titre de musée public en vertu de la Loi sur la taxe d'accise, Revenu Canada
1984

Affiliations

Architectural Drawings Advisory Group (ADAG), membre fondateur
Association des musées canadiens
Confédération internationale des musées d'architecture (ICAM)
Research Libraries Group (RLG), membre spécial

Divisions, collections et personnel, 1979–1984

Division	Collection	Personnel
1979		
Bibliothèque	6 000 volumes	2
Photographie	6 000 épreuves	2
Dessins et estampes	2 000 feuilles	
Administration		2
1980		
Bibliothèque	13 000 volumes	3
Photographie	13 000 épreuves	4
Dessins et estampes	2 000 feuilles	
Administration		5
1981		
Bibliothèque	20 000 volumes	3
Photographie	20 000 épreuves	4
Dessins et estampes	2 000 feuilles	
Archives	1 collection	3
Administration		5
1982		
Bibliothèque	30 000 volumes	3
Photographie	24 000 épreuves	3
Dessins et estampes	5 000 feuilles	2
Archives	3 fonds	3
Conservation		2
Programme d'étude		2
Administration		5
1983		
Bibliothèque	36 000 volumes	17
Photographie	28 000 épreuves	5
Dessins et estampes	7 500 feuilles	4
Archives	5 fonds	6
Groupe de recherche		2
Conservation		2
Services photographiques		2
Programme d'étude		2
Administration		12

Division	Collection	Personnel
1984		
Bibliothèque	50 000 volumes	17
Photographie	32 000 épreuves	6
Dessins et estampes	12 000 feuilles	6
Archives	10 fonds	3
Groupe de recherche		1
Conservation		3
Services photographiques		3
Expositions et publications		2
Administration		16

Activités, 1979–1984

Expositions

«Karl Friedrich Schinkel : Projets et œuvres réalisées», montée à l'occasion du séminaire organisé par le CCA sur Schinkel, Montréal
Mars–mai 1982

«La préservation et la conservation des dessins et estampes d'Ernest Cormier (1885–1980)», au CCA, Montréal
Août–octobre 1982

«Photography and Architecture: 1839–1939», première exposition inaugurée à la Galerie Lempertz Contempora, à l'occasion de Photokina, à Cologne, en Allemagne
15 septembre–16 octobre 1982
Exposition présentée ensuite dans les institutions suivantes :
Art Institute of Chicago, 9 mai–25 juin 1983
The Cooper-Hewitt Museum, The Smithsonian Institution's National Museum of Design, New York, 26 juillet–16 octobre 1983
Centre Georges-Pompidou, Paris, 22 février–8 avril 1984 (sous le titre de «Un siècle de photographies d'architecture : 1839–1939»)
Musée des beaux-arts du Canada, Ottawa, 13 septembre–11 novembre 1984

«Les Villas de Pline et les éléments classiques dans l'architecture à Montréal», CCA/Institut Français d'Architecture, Pierre du Prey, conservateur invité; exposition présentée au Musée des beaux-arts de Montréal
13 octobre–11 décembre 1983

«Trois Architectes / Trois Quartiers», exposition présentée au CCA
20 mai–19 août 1983

Prêts

«Notre Port», musée McCord, université McGill, Montréal
Avril–juin 1980

«August Sander : Photographs of an Epic, 1904–1959», Philadelphia Museum of Art, Philadelphie
Mars 1980–novembre 1983

«Points de vue : Photographies d'architecture», Musée des beaux-arts de Montréal
Janvier–novembre 1981

«Court Houses in Ontario», Central Library, Birmingham, Angleterre
Mai 1981

«Before Photography», Museum of Modern Art, New York
Mai 1981–mai 1982

«Italian Photographs by Robert MacPherson», Stills, The Scottish Photography Group, Édimbourg
Mai–juillet 1981

«Double Take», International Centre of Photography, New York
Novembre 1981–janvier 1982

Séminaires, colloques et séries de conférences

«Schinkel et l'industrialisation de l'architecture», au CCA, sous la direction de Kurt Forster de l'Université de Stanford
Mars 1982

«Les Ordres de l'architecture», atelier d'une journée au CCA, organisé dans le cadre du programme d'étude, avec la participation de Paul Chiasson, Joseph Rykwert, Hans Karl Lücke, Eric Haldenby, Julia Gersovitz, Warren Cox, Peter Rose
3–5 mars 1983

«Photography and Architecture: Fact and Aspect», organisé par le CCA et le Cooper-Hewitt Museum, à New York
1er octobre 1983
Conférenciers : Berenice Abbott, Hank O'Neal, Tod Papageorge, Bob Thall, Wolfgang Freitag, Eve Blau, Phyllis Lambert, Cervin Robinson et Geoffrey James

«Ville and Villa : Landscape in Montréal», série de conférences par Phyllis Lambert à l'occasion de l'exposition «Les Villas de Pline», présentée au Musée des beaux-arts de Montréal
17 novembre 1983

«Photographie et architecture, de 1839 à nos jours», colloque de deux jours au Musée des beaux-arts du Canada, Ottawa
29 septembre 1984
Conférenciers : Peter Bacon Hales, John Szarkowski, John Vinci, François Hers, Jean-François Chevrier, Peter Galassi, Julia Ballerini, Phyllis Lambert, David Harris, Andrew Gruft, Rob Shields, Nada Subotinchic, Walter Powell et John Brinckerhoff Jackson

«Les archives d'architecture contemporaine : aspects juridiques», au CCA, Montréal
5 novembre 1984
Participants : CCA, Archives publiques du Canada, Phillips & Vineberg, Banque de Montréal, Université McGill, Université Laval, ARCOP Associates, Archives nationales du Québec à Montréal, Ontario Bicentennial Project, Ordre des architectes du Québec, Université Concordia, Archives publiques de la Nouvelle-Écosse et l'Institut royal d'architecture du Canada.

«Seminar on Descriptive Cataloguing Standards for Prints, Drawings and Photographs», au CCA, New York
30 novembre 1984

Publications

Photography and Architecture : 1839–1939, par Richard Pare. Introduction de Phyllis Lambert, catalogue par Catherine Inbush Evans et Marjorie Munsterberg. New York, Callaway Editions/ Montréal, CCA, 1982.

Éditions en français :

Photographie et Architecture : 1839–1939, Montréal, Éditions Méridien/CCA, 1984.

Photographie et Architecture : 1839–1939, Liège, Pierre Mardaga/Montréal, CCA, 1984

Canadian Architectural Records Survey: A Union List of Architectural Records in Canadian Public Collections/Recherche documentaire sur l'architecture canadienne : Catalogue collectif de recherche documentaire sur l'architecture provenant des collections publiques canadiennes. Inventaire dressé par Portia Leggat, Montréal, CCA, 1983.

Guide du Fonds Ludger et Paul M. Lemieux/Inventory of the Archives of Ludger and Paul M. Lemieux, Montréal, CCA, 1983.

Répertoire numérique du Fonds Ludger et Paul M. Lemieux/File List of the Archives of Ludger and Paul M. Lemieux, Montréal, CCA, 1983.

Guides du CCA:

Quartier Maisonneuve, Montréal, CCA, 1982.

Centre-ville, Montréal, CCA, 1981.

Trois Architectes/Trois Quartiers, Montréal, CCA, 1983.

«Les Villas de Pline et les éléments classiques dans l'architecture à Montréal», numéro spécial de la revue *Architecture Québec* (ARQ), octobre 1983

Prix

Certificat d'excellence de l'American Institute of Graphic Arts, pour *Photography and Architecture: 1839–1939*, 1983

Mention du Wittenborn Committee of the Art Libraries Society of North America, université Yale, pour *Photography and Architecture: 1839–1939*

Conseils d'administration et comités, 1979–1984

(La période d'exercice des fonctions varie.)

Conseil d'administration du CCA

Phyllis Lambert (Président),
Directeur, Centre Canadien d'Architecture/Canadian Centre for Architecture, Montréal

James D. Raymond (Vice-président exécutif)
Président, CEMP Investments, Montréal

Guy Doré (Vice-président, Administration)
Directeur général, Musée de la civilisation, Québec

Ivan Phillips (Secrétaire)
Avoué, Phillips & Vineberg, Montréal

Adolf Placzek
Professeur honoraire, Avery Architectural and Fine Arts Library, Université Columbia, New York

Comité consultatif du CCA

Phyllis Lambert (Président d'assemblée)*
Directeur, Centre Canadien d'Architecture/Canadian Centre for Architecture, Montréal

George Baird
Directeur, Baird/Sampson Associates, Toronto

Essy Baniassad
Doyen, Faculté d'architecture, Technical University of Nova Scotia, Halifax

Patrick Blouin
Président, Institut royal d'architecture du Canada, Ottawa

Jean Boggs
Président, Société de construction des musées du Canada, Ottawa

Christina Cameron
Chef, Analyse architecturale, Section d'inventaire des bâtiments historiques du Canada, Parcs Canada, Hull

Jacques Dalibard
Directeur exécutif, Héritage Canada, Ottawa

Guy Doré (Vice-président, Administration)*
Directeur général, Musée de la civilisation, Québec

Pierre du Prey
Professeur agrégé, Département des arts, Université Queen's, Kingston

John Harris
Conservateur, British Architectural Library, Collection des dessins, Royal Institute of British Architects, Londres

Peter Jacobs
Vice-doyen à la recherche et au rayonnement, École d'architecture de paysage, Faculté de l'aménagement, Université de Montréal, Montréal

Irving Lavin
Professeur d'histoire de l'art, School of Historical Studies, The Institute for Advanced Study, Princeton

Ivan Phillips (Secrétaire)*
Avoué, Phillips & Vineberg, Montréal

Adolf Placzek*
Professeur honoraire, Avery Architectural and Fine Arts Library, Université Columbia, New York

James D. Raymond (Vice-président exécutif)*
Président, CEMP Investments, Montréal

Douglas Richardson
Professeur agrégé, University College, Université de Toronto, Toronto

Daniel Robbins
Professeur d'art (chaire Baker) et président, Département des arts, Union College, Schenectady

Peter Rose
Architecte, Montréal

Peter Swann
Directeur, Seagram Museum, Waterloo

Jean Trudel
Conservateur en chef, Musée du Québec, Québec

*Membres ex-officio du comité consultatif du CCA.

American Friends of the CCA Conseil d'administration

Bates Lowry (Président)
Directeur, National Building Museum, Washington, D.C.

Phyllis Lambert (Vice-président trésorier)
Directeur, Centre Canadien d'Architecture/Canadian Centre for Architecture, Montréal

Harold R. Handler (Secrétaire)
Avoué, Simpson, Thatcher & Bartlett, New York

American Friends of the CCA
Comité consultatif

Phyllis Lambert (Président)
Directeur, Centre Canadien d'Architecture/Canadian Centre for Architecture, Montréal

Peter C. Bunnell
Professeur d'histoire de la photographie et de l'art moderne (chaire McAlpin), Université de Princeton, Princeton

Harold R. Handler*
Avoué, Simpson, Thatcher & Bartlett, New York

Bates Lowry*
Directeur, National Building Museum, Washington, D.C.

Julia Parker*
Directeur adjoint, Centre Canadien d'Architecture/Canadian Centre for Architecture, Montréal

Daniel Robbins
Professeur d'art (chaire Baker) et président, Département des Arts, Union College, Schenectady

Pierre-André Themens*
Avoué, Phillips & Vineberg, Montréal

*Membres ex-officio du comité consultatif de l'AFCCA.

Conseil du CCA sur les expositions, les publications et les programmes d'étude

Phyllis Lambert (Président)
Directeur, Centre Canadien d'Architecture/Canadian Centre for Architecture, Montréal

Pierre du Prey (Président d'assemblée)
Professeur agrégé, Départment des arts, Université Queen's, Kingston

Eve Blau (Secrétaire exécutif)
Conservateur des expositions et publications, Centre Canadien d'Architecture/Canadian Centre for Architecture, Montréal

Melvin Charney
Architecte, Université de Montréal, Montréal

Irving Lavin
Professeur d'histoire de l'art, School of Historical Studies, The Institute for Advanced Study, Princeton

Adolf Placzek
Professeur honoraire, Avery Architectural and Fine Arts Library, Université Columbia, New York

Daniel Robbins
Professeur d'art (chaire Baker) et président, Département des Arts, Union College, Schenectady

Robert Swain
Directeur, Agnes Etherington Art Centre, Université Queen's, Kingston

Quelques œuvres des collections
Works from the Collections

Dessins, estampes, livres et photographies
Prints, drawings, books and photographs

1

Artiste vénitien (travaille dans la seconde moitié du XVe siècle), *Projet pour un encadrement de retable*. Plume et encre brune, lavis brun sur papier beige préparé, collé en plein, vers 1480. 56,2 × 38,4 cm. DR 1964:015.

Venetian artist (active second half of the fifteenth century), *Design for the frame of an altarpiece*. Pen, brown ink and brown wash, on prepared beige paper laid down, about 1480. 56.2 × 38.4 cm. DR 1964:015.

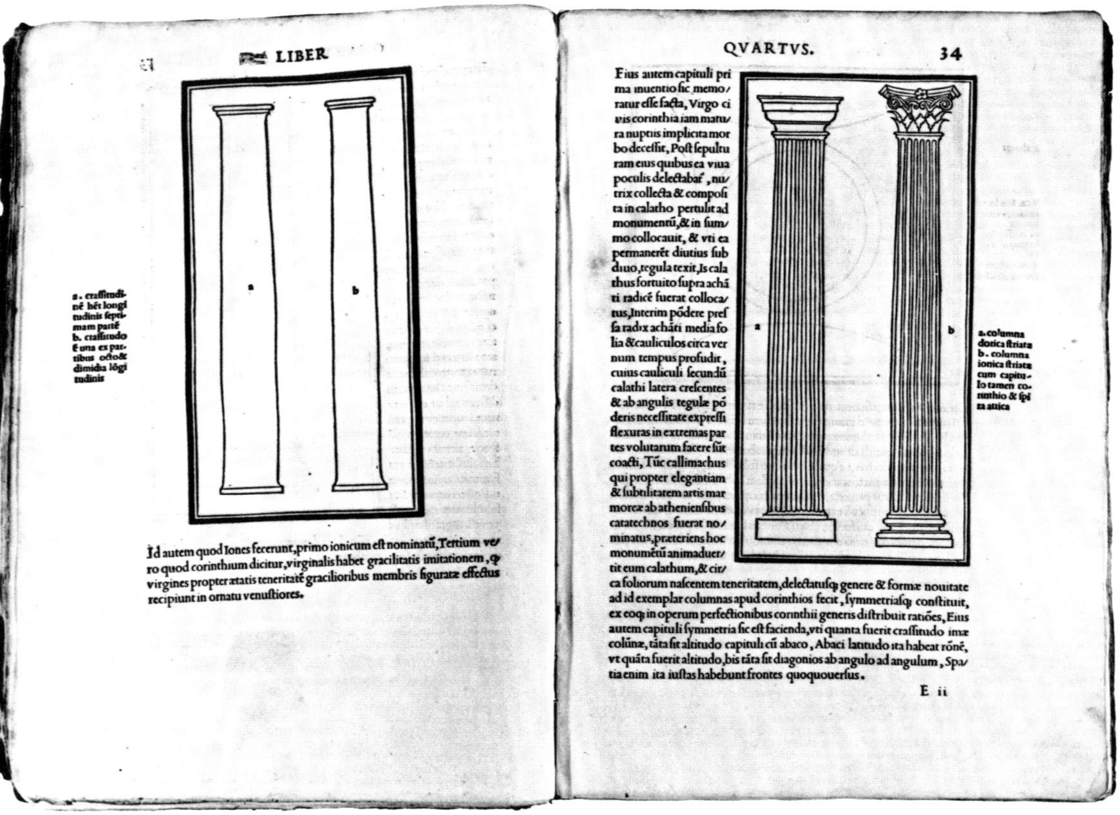

2

Marcus Vitruvius Pollio (Rome, 88–26 av. J.-C.), *M. Vitrvvivs per Iocvndvm solito castigatior factvs cvm figvris et tabvla vt iam legi et intelligi possit*. (Venise : Giovanni Tacuino, 1511). Colligé et illustré par Fra Giovanni Giocondo. 30 × 21 cm. Feuillets 33 verso et 34 recto : *Colonnes ioniques; colonne dorique cannelée et colonne ionique cannelée avec chapiteau corinthien et base attique*, gravure sur bois.

Marcus Vitruvius Pollio (Rome, 88–26 B.C.), *M. Vitrvvivs per Iocvndvm solito castigatior factvs cvm figvris et tabvla vt iam legi et intelligi possit* (Venice: Giovanni Tacuino, 1511). Edited and illustrated by Fra Giovanni Giocondo. 30 × 21 cm. Leaves 33 verso and 34 recto: *Ionic columns; fluted Doric column and fluted Ionic column with Corinthian capital and Attic base*, woodcut.

3

Architecte italien (travaille à Rome, dans le deuxième quart du XVIe siècle), *Élévation d'un pilastre toscan à bossage et d'un entablement, et vue perspective des fondations du Claudium, à Rome*. Plume et encre brune, lavis brun, pierre noire sur traits incisés, sur papier beige, vers 1520–1550. 32,4 × 22,7 cm. Folio 4 d'un carnet comprenant trente-trois folios de dessins des bâtiments de la Rome antique. DR 1982:20:4.

Italian architect (active Rome, second quarter of the sixteenth century), *Elevation of a rusticated Tuscan pilaster and entablature and perspective view of the substructure of the Claudium, Rome*. Pen, brown ink, brown wash and black chalk, with stylus underdrawing, on beige paper, about 1520–1550. 32.4 × 22.7 cm. Folio 4 from a sketchbook of thirty-three folios of drawings of ancient buildings in Rome. DR 1982:20:4.

4

Giulio de' Musi (Venise; travaille à Rome, au milieu du XVIe siècle), d'après Pirro Ligorio (Naples, vers 1500–Ferrare, 1583), *Plan de la Rome antique*. Gravure sur papier beige collé en plein, 1553. 75,5 × 49 cm. Folio 1 de *Speculum romanae magnificentiae* (Rome : Antoine Lafréry, 1544–1570), quatre-vingt-douze folios. DR 1979:0245.

Giulio de' Musi (Venice; active Rome, middle of the sixteenth century), after Pirro Ligorio (Naples, about 1500–Ferrara, 1583), *Map of the ancient city of Rome*. Engraving on beige paper laid down, 1553. 75.5 × 49 cm. Folio 1 from *Speculum romanae magnificentiae* (Rome: Antoine Lafréry, 1544–1570), ninety-two folios. DR 1979:0245.

5

Walther Hermann Ryff (Allemagne; Strasbourg, vers 1500–Nuremberg, vers 1550; travaille aussi à Mayence et à Francfort). *Der furnembsten rotwendigsten der gantzen Architecktur angehörigen mathemathischen und mechanischen Kunst eygentlicher Bericht und vast klare verstendliche unterrichtung zu rechtem Verstandt der Lehr Vitruvij in drey furneme Bücher abgetheilet* (Nuremberg : Johan Petreius, 1547). 28,5 × 78 cm.

Première partie, Feuillet 12 recto : *Les principes de la perspective appliqués à l'ornementation d'un bâtiment*, gravure sur bois.

Walther Hermann Ryff (Germany; Strasbourg, about 1500–Nuremberg, about 1550; active also Mainz and Frankfurt), *Der furnembsten rotwendigsten der gantzen Architecktur angehörigen mathemathischen und mechanischen Kunst eygentlicher Bericht und vast klare verstendliche unterrichtung zu rechtem Verstandt der Lehr Vitruvij in drey furneme Bücher abgetheilet* (Nuremberg: Johan Petreius, 1547). 28.5 × 78 cm.

Part I, Leaf 12 recto: *The principles of perspective applied to the ornamentation of a building*, woodcut.

6

Attribué à Camillo Azzone (Bologne, travaille dans le troisième quart du XVIe siècle), pour Andrea Palladio, architecte (Vicence, 1508–1580), *Élévation partielle d'un projet pour la façade de l'église San Petronio, à Bologne*, dessin de présentation. Plume et encre brune et lavis brun sur papier beige collé en plein, 1579. 57,9 × 39,1 cm. DR 1964:007.

Attributed to Camillo Azzone (active Bologna, third quarter of the sixteenth century), for Andrea Palladio, architect (Vicenza, 1508–1580), *Proposed elevation of half of façade for the Church of San Petronio, Bologna*, presentation drawing. Pen, brown ink and brown wash on beige paper laid down, 1579. 57.9 × 39.1 cm. DR 1964:007.

7

Jacques Ier Androuet du Cerceau (France; Paris, vers 1510–vers 1586), *Détails de deux entablements de monuments antiques*. Plume et encre noire sur papier beige, vers 1540. 39,1 × 27,6 cm. Folio 1 d'un album de dix-sept folios de dessins pour les *Détails d'ordres d'architecture*. DR 1974:001.

Jacques Androuet du Cerceau the Elder (France; Paris, about 1510–about 1586), *Details of two entablatures from ancient monuments*. Pen and black ink, on beige paper, about 1540. 39.1 × 27.6 cm. Folio 1 from an album of seventeen folios of drawings for *Détails d'ordres d'architecture*. DR 1974:001.

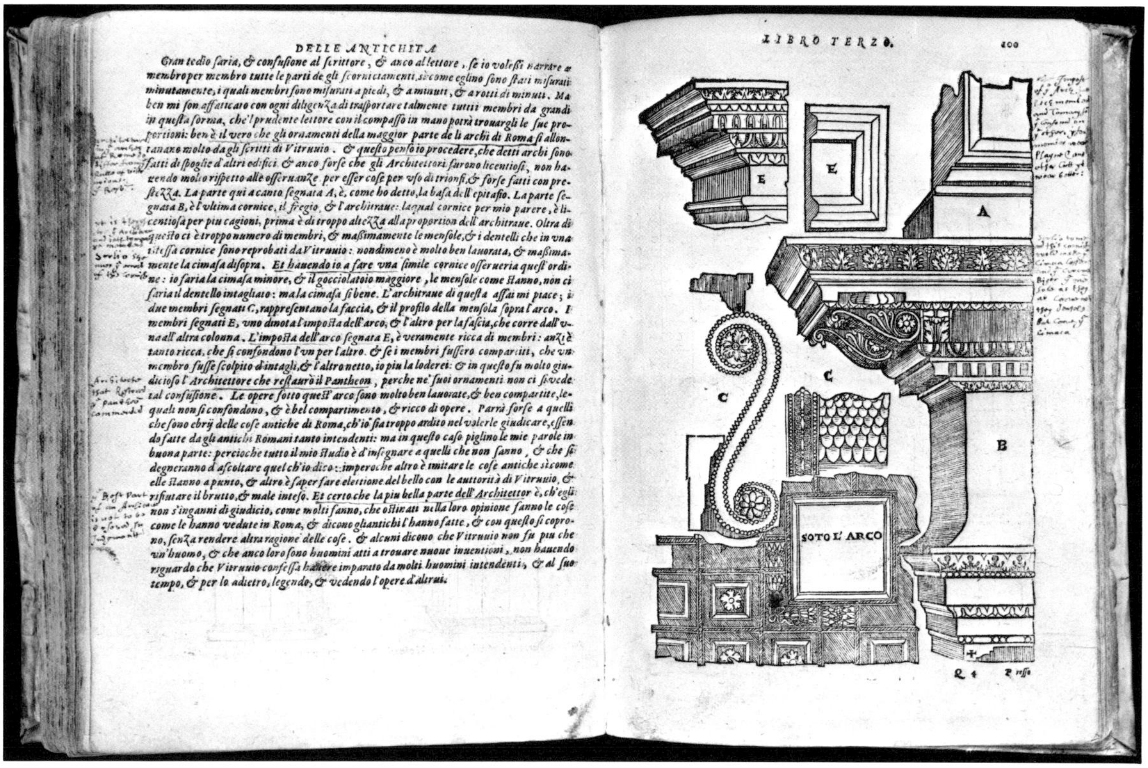

8

Sebastiano Serlio (Bologne, 1475–Fontainebleau, vers 1555), *Tvtte l'opere d'architettvra, et prrospetiva* (Venise : Succession de Francesco de' Francheschi, 1600). Annotations par Inigo Jones. 24,5 × 17 cm. Livre III, feuillets 99 verso et 100 recto: *Détails des ordres de l'Arc de Titus, à Rome*, gravure sur bois.

Sebastiano Serlio (Bologna, 1475–Fontainebleau, about 1555), *Tvtte l'opere d'architettvra, et prrospetiva* (Venice: The Heirs of Francesco de' Francheschi, 1600). Annotations by Inigo Jones. 24.5 × 17 cm. Book III, leaves 99 verso and 100 recto: *Details of the orders from the Arch of Titus, Rome*, woodcut.

9

Juan Bautista Villalpando (Espagne; Cordoue, 1552–Rome, 1608), *Hieronymi Pradi et Ioannis Baptistae Villalpandi e Societate Iesv. In Ezechielem explanationes et apparatus vrbis, ac templi Hierosolymitani* (Rome : Luigi Zannetti et Carlo Vullietto), vol. I–II, 1596–1605. Vol. II, planche VIII : *Vue du sanctuaire intérieur du Temple de Salomon*. Gravé par Pieter Perret en 1606. 40,5 × 90 cm.

Juan Bautista Villalpando (Spain; Cordova, 1552–Rome, 1608), *Hieronymi Pradi et Ioannis Baptistae Villalpandi e Societate Iesv. In Ezechielem explanationes et apparatus vrbis, ac templi Hierosolymitani* (Rome: Luigi Zannetti and Carlo Vullietto), vols. I–II, 1596–1605. Vol. II, plate VIII: *View of the inner sanctuary of Solomon's Temple*. Engraved by Pieter Perret in 1606. 40.5 × 90 cm.

10

Artiste anonyme (travaille dans la première moitié du XVIIe siècle), *Décors de scène : Les trois Marie et l'ange au tombeau*. Plume et encre brune, lavis sur papier beige, vers 1630. 15,3 × 23,6 cm. Fait partie d'une collection de dessins, livres et gravures sur le théâtre, auparavant dans la collection d'Edward G. B. Craig. DR 1984:638.

Unknown artist (active first half of the seventeenth century), *Stage Design: The three Marys and an angel at the tomb*. Pen, brown ink and wash on beige paper, about 1630. 15.3 × 23.6 cm. From a collection of drawings, books and engravings related to the theatre formerly in the collection of Edward G. B. Craig. DR 1984:638.

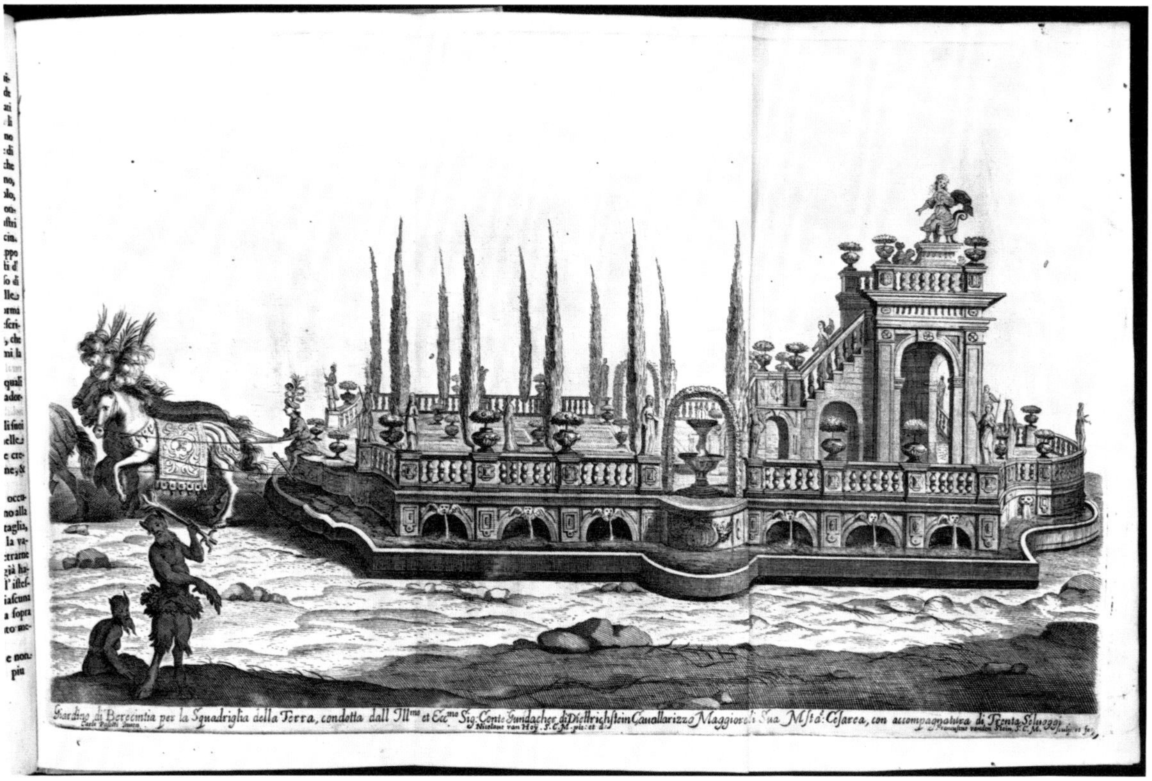

11

Francesco Sbarra (Italie; travaille aussi en Autriche dans la seconde moitié du XVIIe siècle), *La contesa dell'aria e dell'acqva: festa à cavallo rappresentata nell'avgustissime nozze delle sacre, cesaree, reali M. M. dell'imperatore Leopoldo e dell'infanta Margherita delle Spagne* (Vienne : Matteo Cosmerovio, 1667). Planche 3 : *Machine de scène pour un ballet équestre : La Flotille de la Terre*, conception par Carlo Pasetti et eau-forte par Franz van den Steen d'après un dessin de Nicholas de Hoey. 30 × 45 cm. Fait partie d'une collection de dessins, livres et gravures sur le théâtre, auparavant dans la collection d'Edward G. B. Craig.

Francesco Sbarra (Italy; active also Austria, second half of the seventeenth century), *La contesa dell'aria e dell'acqva: festa à cavallo rappresentata nell'avgustissime nozze delle sacre, cesaree, reali M. M. dell'imperatore Leopoldo e dell'infanta Margherita delle Spagne* (Vienna: Matteo Cosmerovio, 1667). Plate 3: *Stage machinery for an equestrian ballet: The Flotilla of Earth*, designed by Carlo Pasetti and etched by Franz van den Steen after a drawing by Nicholas de Hoey. 30 × 45 cm. From a collection of drawings, books and engravings related to the theatre formerly in the collection of Edward G. B. Craig.

12

Georg Andreas Bockler (Allemagne; travaille à Nuremberg dans la seconde moitié du XVIIe siècle), *Architectura curiosa nova* (Nuremberg : Paul Furst, 1664). Traduction par Johan Christoph Sturm. 33,8 × 22 cm. IIIe partie, planche 20 : *Fontaine surmontée de la couronne du Saint-Empire romain*, gravure.

Georg Andreas Bockler (Germany; active Nuremberg, second half of the seventeenth century), *Architectura curiosa nova* (Nuremberg: Paul Furst, 1664). Translated by Johan Christoph Sturm. 33.8 × 22 cm. Part III, plate 20: *Fountain surmounted by the crown of the Holy Roman Empire*, engraving.

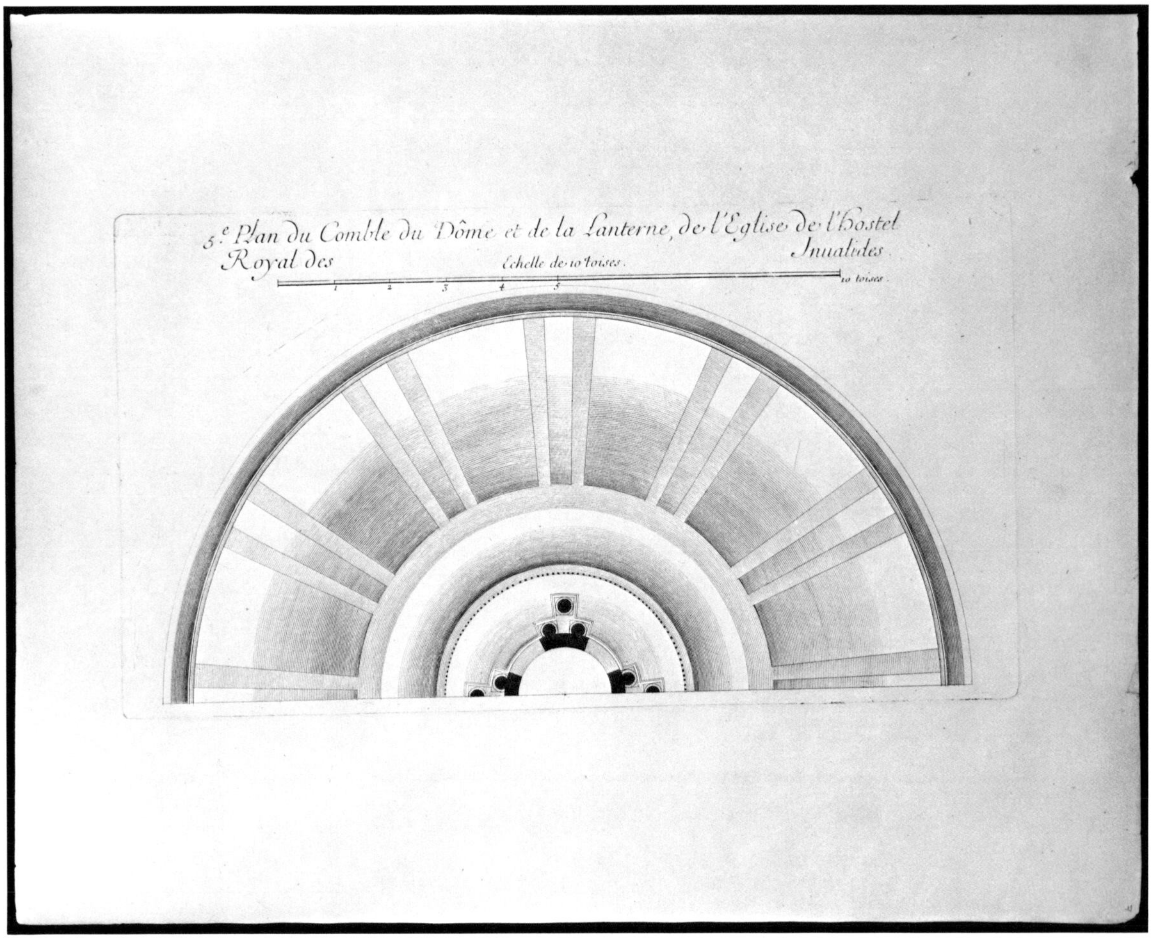

13

Attribué à un membre de la famille Le Pautre (travaille à Paris dans le troisième quart du XVIIe siècle), d'après Jules Hardouin-Mansart, architecte (France; Paris, 1646–Marly, 1708), *Demi-plan de l'attique du dôme et demi-plan de la lanterne, église du Dôme, Invalides, Paris*. Gravure sur papier beige, 1687. 51 × 41 cm. Fait partie d'une série de quatorze plans d'exécution sous forme de gravures pour les Invalides. DR 1984:1407.

Attributed to a member of the Le Pautre family (active Paris, third quarter of the seventeenth century), after Jules Hardouin-Mansart, architect (France; Paris, 1646–Marly, 1708), *Half plan of the attic above the dome and half plan of the lantern, Eglise du Dôme, Invalides, Paris*. Engraving on beige paper, 1687. 51 × 41 cm. From a series of fourteen working engravings for the Invalides. DR 1984:1407.

14

Filippo Juvarra (Messine, 1678–Madrid, 1735; travaille aussi dans le Piémont et à Rome), *Coupe transversale et élévation intérieure du vestibule, de l'escalier et du salon du Castello Reale, à Rivoli*. Pierre noire, plume et encre noire sur papier beige, 1718–1721.
43,2 × 27,6 cm. Fait partie d'une série de dix-sept dessins par Juvarra pour le Castello Reale. DR 1978:008:12.

Filippo Juvarra (Messina, 1678–Madrid, 1735; active also Piedmont and Rome), *Cross section and interior elevation of the entrance hall, stairway and salone for the Castello Reale, Rivoli*. Black chalk, pen and black ink on beige paper, 1718–1721. 43.2 × 27.6 cm. From a series of seventeen drawings by Juvarra for the Castello Reale. DR 1978:008:12.

15

Attribué à Robert de Cotte (France; Paris, 1656–1735), *Projet pour un arc de triomphe aux armoiries de la France*. Plume et encre brune, lavis multicolores et gouache sur papier beige, vers 1720. 27,8 × 35,2 cm. DR 1970:011.

Attributed to Robert de Cotte (France; Paris, 1656–1735), *Design for a triumphal arch with the coat of arms of France*. Pen, brown ink, with multicoloured washes and gouache, on beige paper, about 1720. 27.8 × 35.2 cm. DR 1970:011.

16

Giovanni Battista Piranesi (Mogliano, 1720–Rome, 1778), *Fantaisie architecturale : Cour avec tours*. Plume et encre brune, lavis bistre sur papier beige, vers 1750. 19,6 × 27,4 cm.
DR 1960:019:03.

Giovanni Battista Piranesi (Mogliano, 1720–Rome, 1778), *Architectural fantasy: Courtyard with towers*. Pen, brown ink and bistre wash on beige paper, about 1750. 19.6 × 27.4 cm.
DR 1960:019:03.

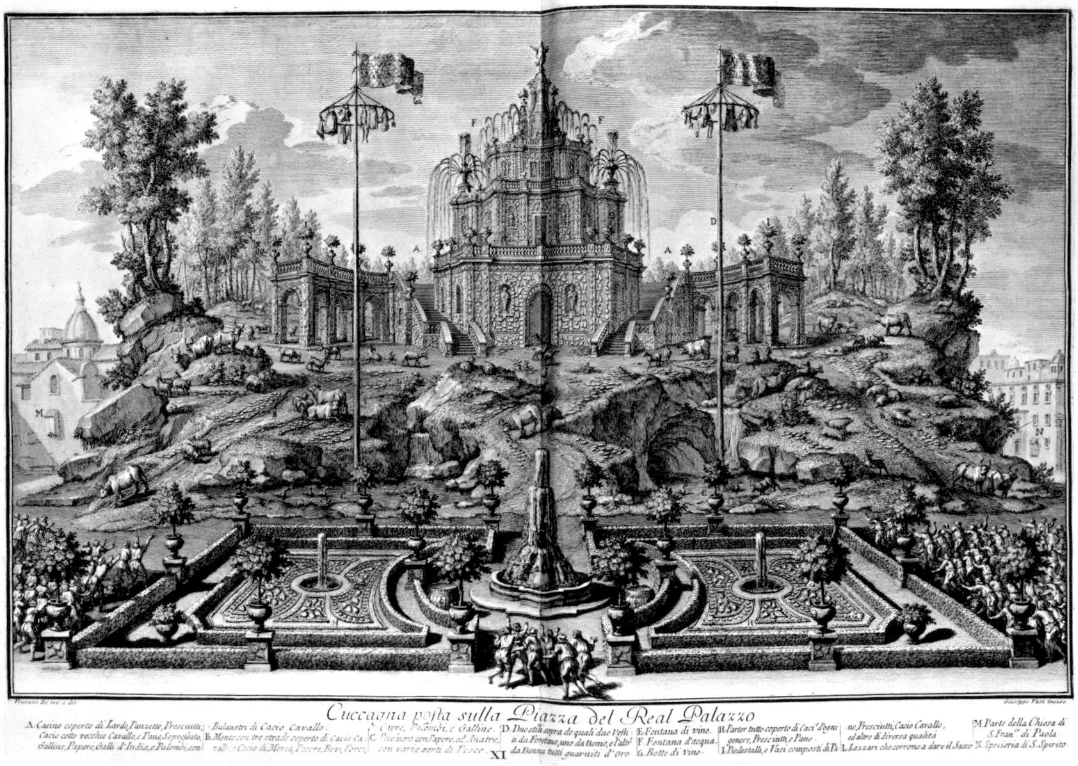

17

Auteur anonyme (travaille à Naples dans le première moitié du XVIIIe siècle), *Narrazione delle solenni reali feste fatte celebrare in Napoli da sua maestà il re delle due Sicilie Carlo infante di Spagna* (Naples, 1749). 64,5 × 53,6 cm. Planche XI, *La fête de la cocagne*, illustrations dessinées par Vincenzo dal Rè, gravées par Giuseppe Vasi.

Unknown author (active Naples first half of the eighteenth century), *Narrazione delle solenni reali feste fatte celebrare in Napoli da sua maestà il re delle due Sicilie Carlo infante di Spagna* (Naples, 1749). 64.5 × 53.6 cm. Plate XI, *The Feast of Cockaigne*, illustrations designed by Vincenzo dal Rè, engraved by Giuseppe Vasi.

18

Attribué à Vincenzo dal Rè (Naples, vers 1700–1763), *Projet pour la fête de la Cocagne, à l'occasion de festivités en l'honneur de la naissance de Philippe, prince d'Espagne et de Sicile*. Étude préliminaire pour la planche XI de *Narrazione delle solenni reali feste*, Naples, 1749. Pierre noire, plume et encre brune, lavis sur papier beige, vers 1747. 29,4 × 38,4 cm. DR 1967:002.

Attributed to Vincenzo dal Rè (Naples, about 1700–1763), *Design for the Feast of Cockaigne, part of a festival in honour of the birth of Philip, Prince of Spain and Sicily.* Preliminary study for plate XI of *Narrazione delle solenni reali feste*, Naples, 1749. Black chalk, pen, brown ink and wash on beige paper, about 1747. 29.4 × 38.4 cm. DR 1967:002.

Suitte des vases presentes à S. A. S. E. de Baviere projetes pour les jardins de Nimphembourg ceux marqués A. et B. sont de la composition de
Mr. Guinter sculpteur de la Coure; celuy marque C. de celle de Mr. DeLafosse grave par Iosephe Kaltner en 1770.
C.P.S.C.M.
C.P.R.

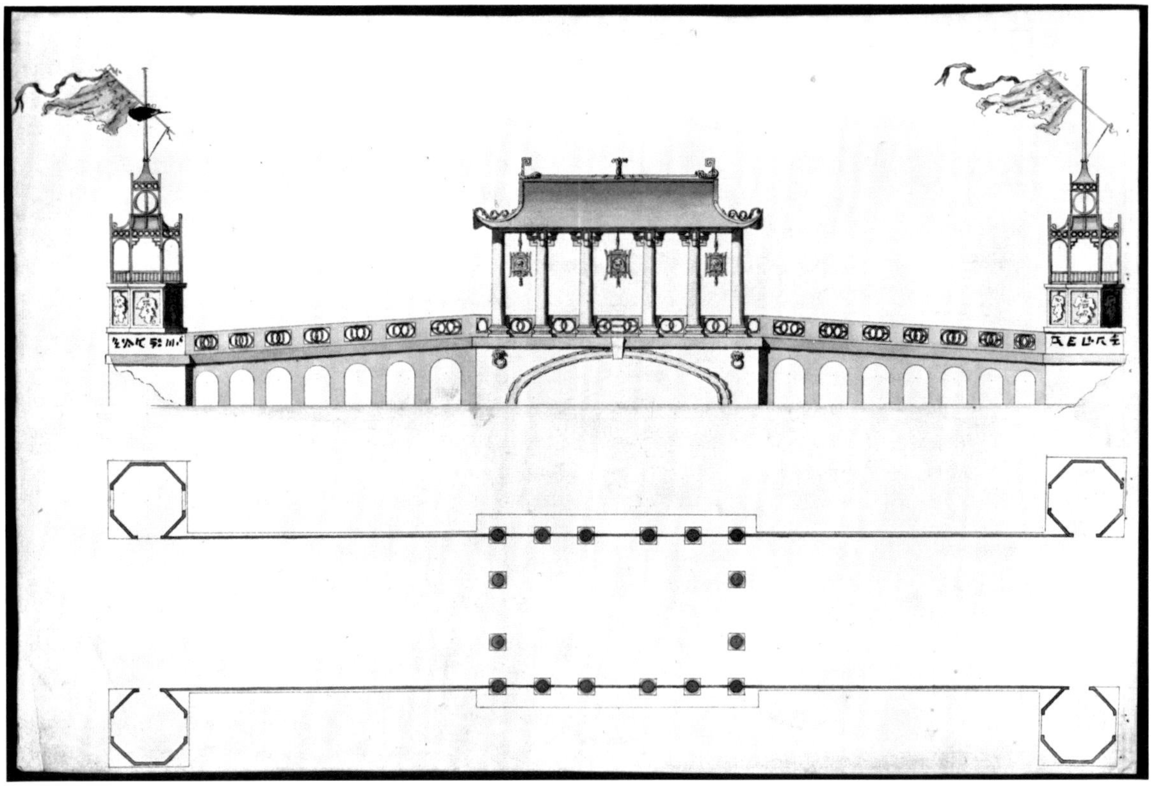

19

Joseph Kaltner (Allemagne; Nymphenburg, 1758–Vienne, vers 1824) d'après Franz Ignaz Gunther (Allemagne; Altmannstein, 1725–Munich, 1775) et Jean-Charles Delafosse (France; Paris, 1734–1791), *Dessins de vases pour les jardins du palais de Nymphenburg, près de Munich*. François de Cuvilliés, architecte. Eau-forte sur papier beige, 1770. 35 × 50 cm. Fait partie d'une série de quatre albums d'estampes contenant des projets d'architecture par François de Cuvilliés.

Joseph Kaltner (Germany; Nymphenburg, 1758–Vienna, about 1824) after Franz Ignaz Gunther (Germany; Altmannstein, 1725–Munich, 1775) and Jean-Charles Delafosse (France; Paris, 1734–1791), *Designs of vases for the gardens of the Nymphenburg Palace, near Munich*. François de Cuvilliés, architect. Etching on beige paper, 1770. 35 × 50 cm. From a series of four albums of prints containing architectural designs by François de Cuvilliés.

20

Jean Laurent Legeay (France; Paris, vers 1710–vers 1786; travaille aussi en Italie, en Allemagne et en Angleterre), *Fantaisie architecturale*. Plume et encre noire sur papier beige, vers 1760–1765. 18 × 26 cm.

Jean Laurent Legeay (France; Paris, about 1710–about 1786; active also Italy, Germany and England), *Architectural Fantasy*. Pen and black ink on beige paper, about 1760–1765. 18 × 26 cm.

21

Sir William Chambers (Angleterre; Göteborg, Suède, 1723–Londres, 1796), *Plan du rez-de-chaussée et élévation d'un projet pour un pont dans le style chinois au nouveau palais de Sans-Souci, à Potsdam*. Plume et encre noire, aquarelle sur papier beige, vers 1763. 32 × 47 cm. DR 1981:024.

Sir William Chambers (England; Gotberg, Sweden, 1723–London, 1796), *Ground plan and elevation of a proposed bridge in the Chinese style for the New Palace, Sans Souci, Potsdam*. Pen, black ink and watercolour on beige paper, about 1763. 32 × 47 cm. DR 1981:024.

18
Petrus Bracci Inu. et delin.

22

Pietro Bracci (Rome, 1700–1773), *Projet pour un monument à Jacques III, dit le Prétendant, à Saint-Pierre de Rome*. Plume et encre brune, lavis de gouache blanche sur papier préparé brun clair, collé en plein, vers 1766. 37,6 × 24,8 cm. Fait partie d'une collection de cent dix dessins et documents correspondants par Bracci. DR 1966:001:18.

Pietro Bracci (Rome, 1700–1773), *Design for a monument to James III, the Old Pretender, St. Peter's, Rome*. Pen, brown ink and wash with white gouache on light brown prepared paper laid down, about 1766. 37.6 × 24.8 cm. From a collection of one hundred ten drawings and related documents by Bracci. DR 1966:001:18.

23

Julien David Le Roy (France; Paris, 1728–1803), *Les ruines des plus beaux monuments de la Grèce* (Paris : H. L. Guerin, L. F. Delatour; Amsterdam : Jean Neaulme, 1758), 39 × 55,2 cm. Première partie, planche 14: *Vue de la tour des Vents, à Athènes*, eau-forte par Jacques Philippe Le Bas.

Julien David Le Roy (France; Paris, 1728–1803), *Les ruines des plus beaux monuments de la Grèce* (Paris: H. L. Guerin, L. F. Delatour; Amsterdam: Jean Neaulme, 1758), 39 × 55.2 cm. Part I, plate 14: *View of the Tower of the Winds, Athens*, etched by Jacques Philippe Le Bas.

24

Nicholas Hawksmoor (Angleterre; East Drayton, 1661–Westminster, 1736), *Élévation d'une porte pour le vestibule de la maison de Lord Chief Justice King, Ockham Park, Surrey.* Pierre noire, plume et encre brune, lavis gris sur papier beige collé en plein, vers 1727. 29,9 × 21,1 cm. Folio 10 d'un album comprenant dix-neuf folios de dessins et feuilles manuscrites consacrés aux projets de transformation pour la maison jacobéenne d'Ockham Park. DR 1964:006.

Nicholas Hawksmoor (England; East Drayton, 1661–Westminster, 1736), *Elevation of a doorway into the hall for the house of Lord Chief Justice King, Ockham Park, Surrey.* Black chalk, pen, brown ink and grey wash on beige paper laid down, about 1727. 29.9 × 21.1 cm. Folio 10 from an album of nineteen folios of drawings and manuscript sheets devoted to proposed alterations for the Jacobean house at Ockham Park. DR 1964:006.

25

John Norman (États-Unis; Angleterre, vers 1748–Boston, 1817; travaille aussi à Philadelphie), *The Town and Country Builder's Assistant* (Boston : l'auteur) 1786. 31 × 18 cm. *Page de titre et frontispice*, gravure.

John Norman (United States; England, about 1748–Boston, 1817; active also Philadelphia), *The Town and Country Builder's Assistant* (Boston: The author, 1786). 31 × 18 cm. *Title page and frontispiece*, engraving.

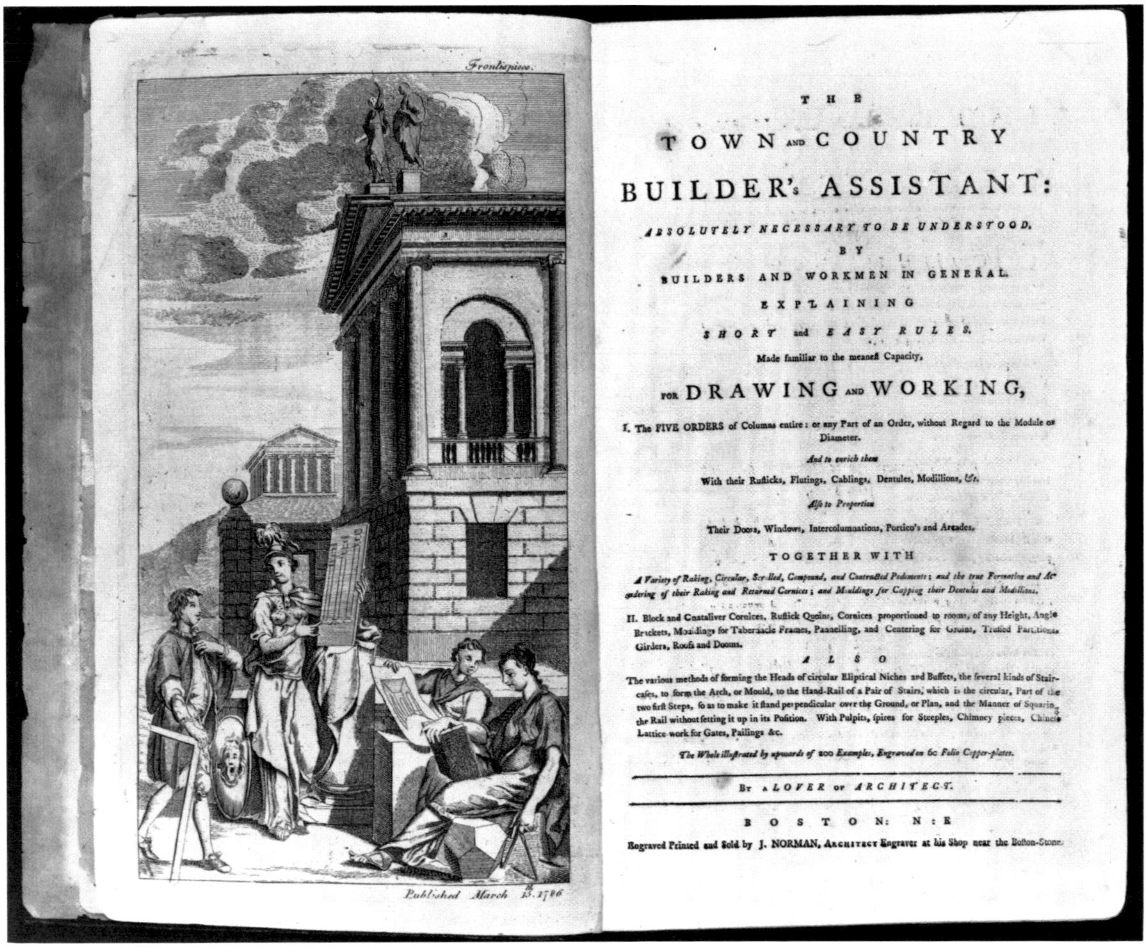

26

Charles de Wailly (France; Paris, 1730–1798), *Élévation intérieure pour un mur du grand salon du château de Montmusard, à Dijon*, dessin de présentation. Plume et encre grise, lavis et aquarelle sur papier beige, 1764. 64 × 55 cm. Fait partie d'un ensemble de quatre dessins pour le château de Montmusard. DR 1984:1023.

Charles de Wailly (France; Paris, 1730–1798), *Elevation of one of the interior walls of the central salon for the Château de Montmusard, Dijon*, presentation drawing. Pen, grey ink and wash and watercolour on beige paper, 1764. 64 × 55 cm. One of four drawings for the Château de Montmusard. DR 1984:1023.

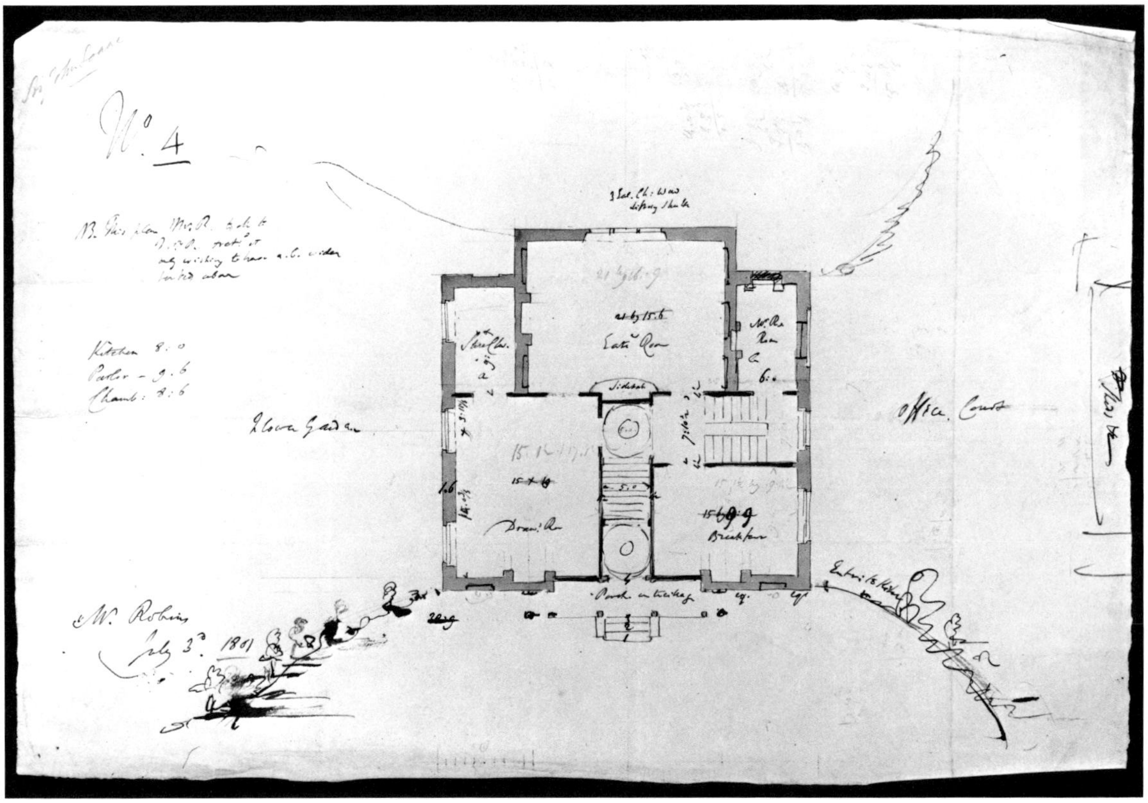

27

Sir John Soane (Angleterre; Reading, 1753–Londres, 1837), *Plan du rez-de-chaussée pour la maison Combe de R. Putt Esq., Devonshire*. Plume et encre noire, mine de plomb et lavis gris sur papier beige, 1811. 48 × 59,5 cm. DR 1983:0860.

Sir John Soane (England: Reading, 1753–London, 1837), *Ground plan for Combe House for R. Putt Esq., Devonshire*. Pen, black ink, graphite and grey wash on beige paper, 1811. 48 × 59.5 cm. DR 1983:0860.

28

Claude Louis Marie Henri Navier (France; Dijon, 1785–Paris, 1836), *Rapport à Monsieur Becquey, conseiller d'état, directeur général des ponts et chaussées et des mines; et Mémoire sur les ponts suspendus* (Paris : Imprimerie Royale, 1823). Vol. II, planche VII : *Diagrammes de l'élévation et de la structure de ponts construits en 1823 à l'Île Bourbon*, Marc Isembart Brunel, ingénieur; gravure, 33 × 62 cm.

Claude Louis Marie Henri Navier (France; Dijon, 1785–Paris, 1836), *Rapport à Monsieur Becquey, conseiller d'état, directeur général des ponts et chaussées et des mines; et Mémoire sur les ponts suspendus* (Paris: Imprimerie Royale, 1823). Vol. II, Plate VII: *Elevation and structural diagrams of bridges constructed in 1823 at Ile de Bourbon*, Marc Isembart Brunel, engineer; engraving, 33 × 62 cm.

29

Pierre-Dominique Bazaine (France; Scy, 1786–Paris, 1838; travaille en Russie entre 1809 et 1832), *Plan et coupe transversale d'un pylône pour un pont suspendu sur la Neva, à Saint-Pétersbourg*. Plume et encre noir et aquarelle bleue, mauve et verte sur papier beige, vers 1826–1827. 53,5 × 68,5 cm. Signé en bas à droite : «Le General-major Bazaine.» Folio 4 d'un album de vingt folios de projets pour Saint-Pétersbourg. DR 1980:019.

Pierre-Dominique Bazaine (France; Scy, 1786–Paris, 1838; active Russia, 1809–1832), *Plan and transverse section of a pylon for a proposed suspension bridge over the Neva River, Saint Petersburg*. Pen, black ink, and blue, mauve and green watercolour on beige paper, about 1826–1827. 53.5 × 68.5 cm. Signed lower right: "Le General-major Bazaine." Folio 4 from an album of twenty folios of projects for Saint Petersburg. DR 1980:019.

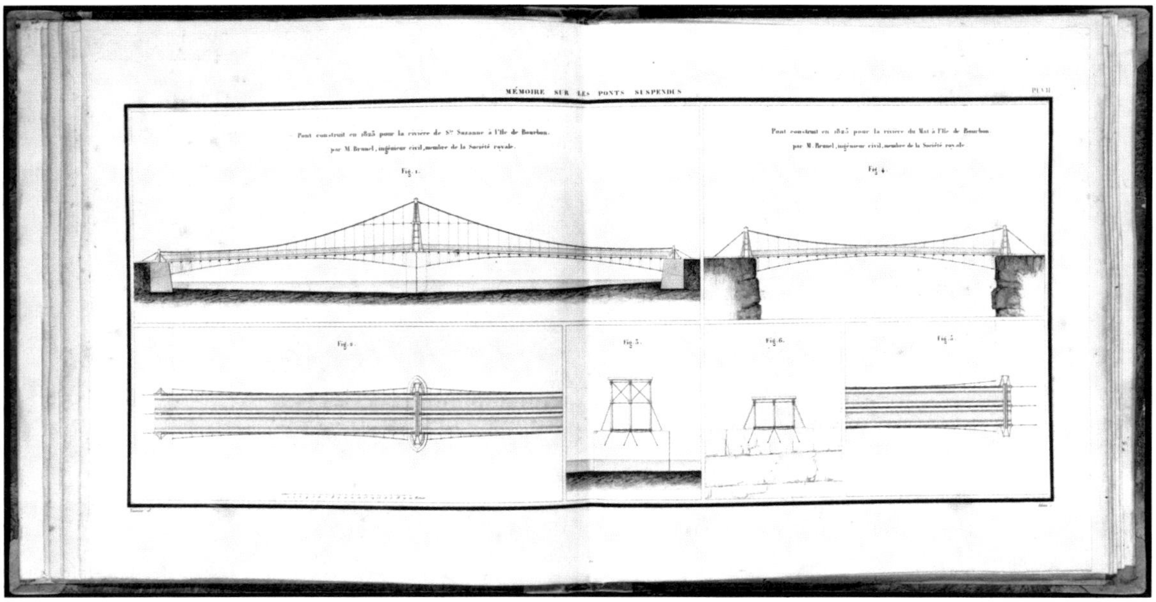

MÉMOIRE SUR LES PONTS SUSPENDUS
Pont construit en 1825 pour la rivière de St. Suzanne à l'Ile de Bourbon.
par M. Brunel, ingénieur civil, membre de la Société royale.
Fig. 1.
Pont construit en 1825 pour la rivière du Mat à l'Ile de Bourbon.
par M. Brunel, ingénieur civil, membre de la Société royale.
Fig. 4.

Plan d'un des supports et d'une partie du Pont.
Coupe Transversale.

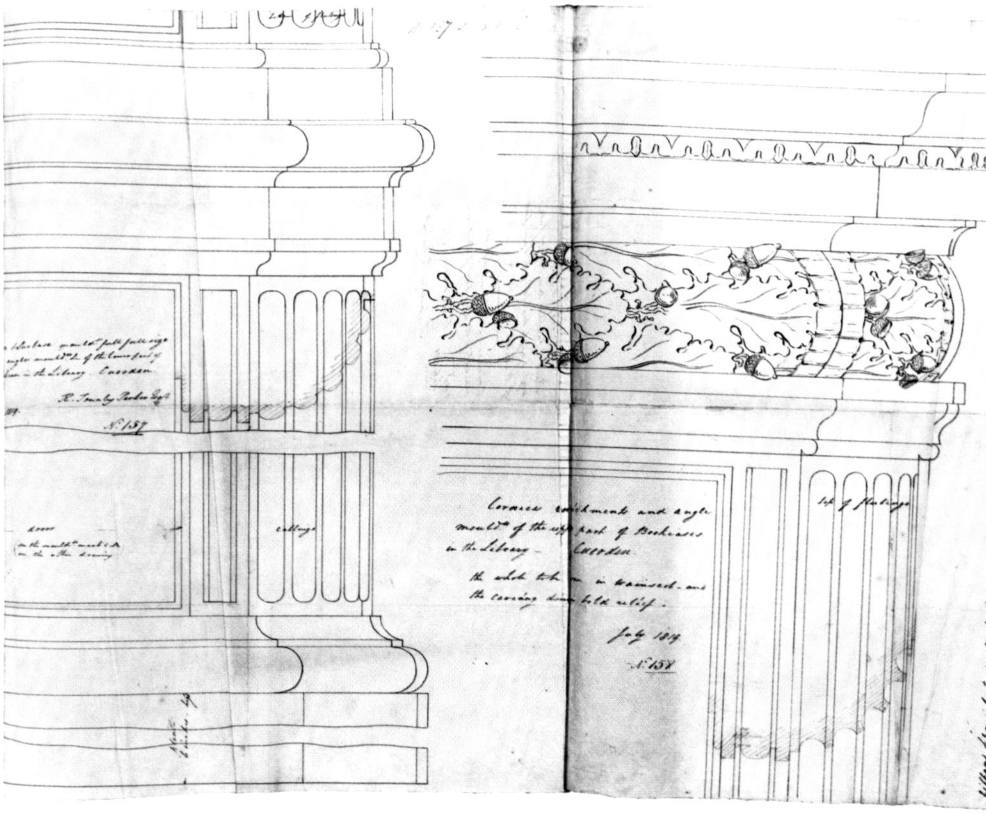

30

Atelier de Lewis William Wyatt (Grande-Bretagne; 1777–Puckpool, 1853), *Détails grandeur nature de moulures pour des rayonnages de la bibliothèque de Cuerden Hall, Lancashire*. Plume et encre brune sur papier beige, vers 1819. 47,2 × 51,2 cm. Folio 120 d'un album de cent trente-huit folios de plans d'exécution pour Cuerden Hall. DR 1983:1:118.

Office of Lewis William Wyatt (Great Britain; 1777–Puckpool, 1853), *Full-scale details of mouldings for bookcases in the library of Cuerden Hall, Lancashire*. Pen and brown ink on beige paper, about 1819. 47.2 × 51.2 cm. Folio 120 from an album of one hundred thirty-eight folios of working drawings for Cuerden Hall. DR 1983:1:118.

31

Augustus Charles Pugin (Angleterre; France, vers 1769–Londres, 1832), *Élévation d'une arcade, extérieur de l'abside, église Saint-Nicolas, Caen, France*. Mine de plomb sur papier beige collé en plein, 1824. 23,6 × 14,1 cm. Signé et daté, en bas à gauche : «A Pugin fecit Sep 1824.» Folio 39 du premier de six albums d'esquisses de voyage exécutées pour *Specimens of the Architecture of Normandy*, Londres, 1828. DR 1980:63:78:1.

Augustus Charles Pugin (England; France, about 1769–London, 1832), *Elevation of an arcade, exterior of the apse, Eglise de Saint Nicolas, Caen, France*. Graphite on beige paper laid down, 1824. 23.6 × 14.1 cm. Signed and dated lower left: "A Pugin fecit Sep 1824." Folio 39 from the first of a series of six albums of travel sketches executed for *Specimens of the Architecture of Normandy*, London, 1828. DR 1980:63:78:1.

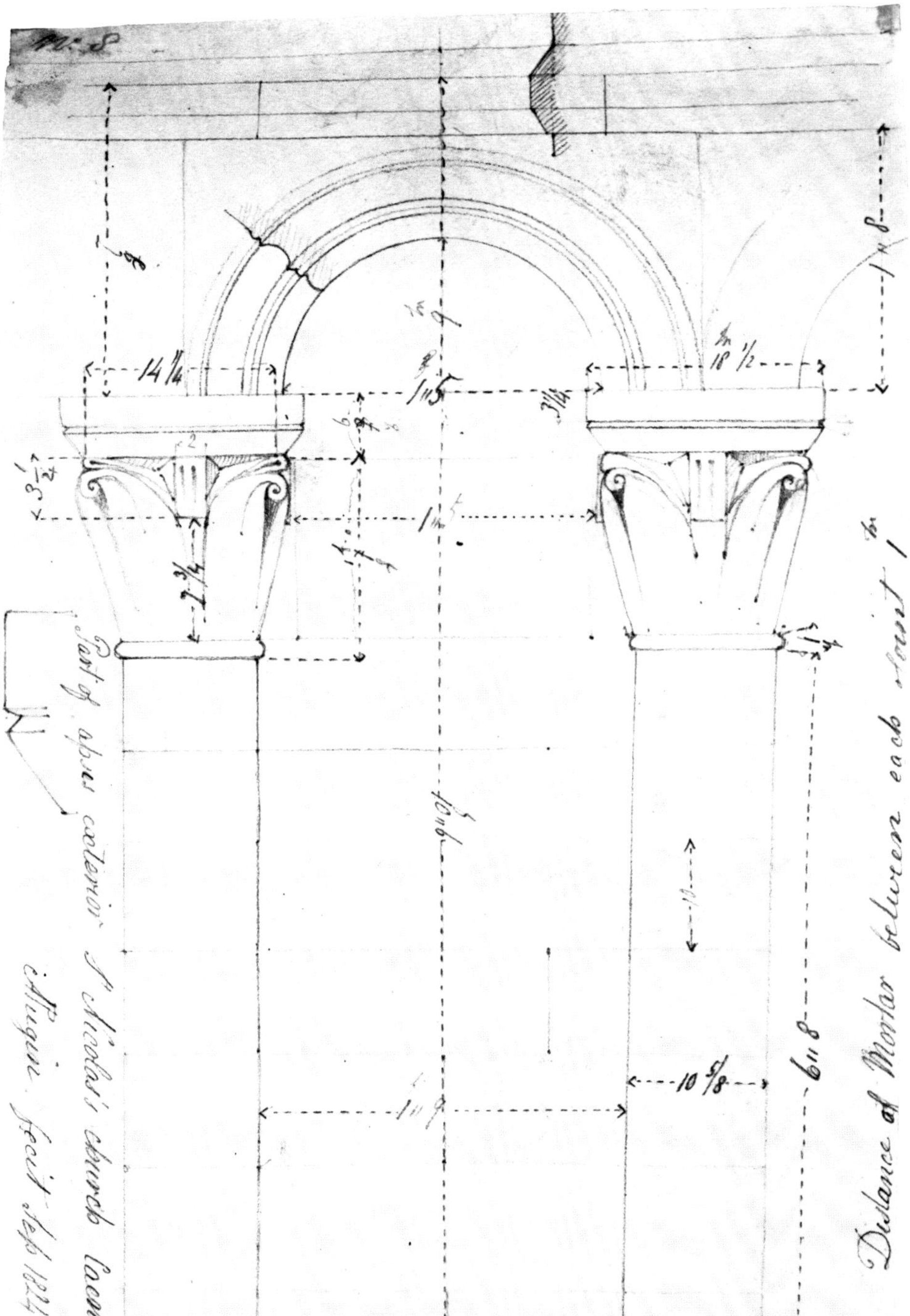
Distance of Mortar between each joint

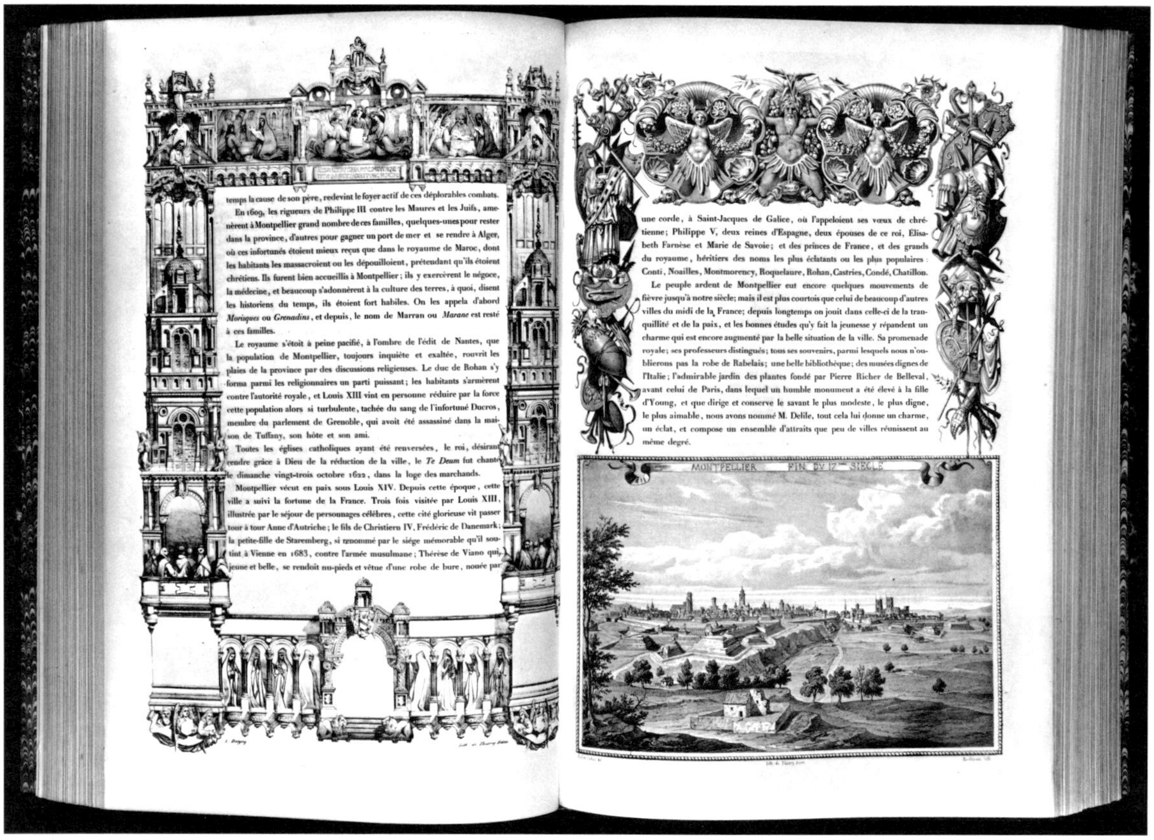
temps la cause de son père, redevint le foyer actif de ces déplorables combats.

En 1609, les rigueurs de Philippe III contre les Maures et les Juifs, amenèrent à Montpellier grand nombre de ces familles, quelques-unes pour rester dans la province, d'autres pour gagner un port de mer et se rendre à Alger, où ces infortunés étoient mieux reçus que dans le royaume de Maroc, dont les habitants les massacroient ou les dépouilloient, prétendant qu'ils étoient chrétiens. Ils furent bien accueillis à Montpellier; ils y exercèrent le négoce, la médecine, et beaucoup s'adonnèrent à la culture des terres, à quoi, disent les historiens du temps, ils étoient fort habiles. On les appela d'abord *Morisques* ou *Grenadins*, et depuis, le nom de Marran ou *Marane* est resté à ces familles.

Le royaume s'étoit à peine pacifié, à l'ombre de l'édit de Nantes, que la population de Montpellier, toujours inquiète et exaltée, rouvrit les plaies de la province par des discussions religieuses. Le duc de Rohan s'y forma parmi les religionnaires un parti puissant; les habitants s'armèrent contre l'autorité royale, et Louis XIII vint en personne réduire par la force cette population alors si turbulente, tachée du sang de l'infortuné Ducros, membre du parlement de Grenoble, qui avoit été assassiné dans la maison de Tuffany, son hôte et son ami.

Toutes les églises catholiques ayant été renversées, le roi, désirant rendre grâce à Dieu de la réduction de la ville, le *Te Deum* fut chanté le dimanche vingt-trois octobre 1622, dans la loge des marchands.

Montpellier vécut en paix sous Louis XIV. Depuis cette époque, cette ville a suivi la fortune de la France. Trois fois visitée par Louis XIII, illustrée par le séjour de personnages célèbres, cette cité glorieuse vit passer tour à tour Anne d'Autriche; le fils de Christiern IV, Frédéric de Danemark; la petite-fille de Staremberg, si renommé par le siége mémorable qu'il soutint à Vienne en 1683, contre l'armée musulmane; Thérèse de Viano qui, jeune et belle, se rendoit nu-pieds et vêtue d'une robe de bure, nouée par une corde, à Saint-Jacques de Galice, où l'appeloient ses vœux de chrétienne; Philippe V, deux reines d'Espagne, deux épouses de ce roi, Élisabeth Farnèse et Marie de Savoie; et des princes de France, et des grands du royaume, héritiers des noms les plus éclatants ou les plus populaires: Conti, Noailles, Montmorency, Roquelaure, Rohan, Castries, Condé, Chatillon.

Le peuple ardent de Montpellier eut encore quelques mouvements de fièvre jusqu'à notre siècle; mais il est plus courtois que celui de beaucoup d'autres villes du midi de la France; depuis longtemps on jouit dans celle-ci de la tranquillité et de la paix, et les bonnes études qu'y fait la jeunesse y répandent un charme qui est encore augmenté par la belle situation de la ville. Sa promenade royale; ses professeurs distingués; tous ses souvenirs, parmi lesquels nous n'oublierons pas la robe de Rabelais; une belle bibliothèque; des musées dignes de l'Italie; l'admirable jardin des plantes fondé par Pierre Richer de Belleval, avant celui de Paris, dans lequel un humble monument a été élevé à la fille d'Young, et que dirige et conserve le savant le plus modeste, le plus digne, le plus aimable, nous avons nommé M. Delile, tout cela lui donne un charme, un éclat, et compose un ensemble d'attraits que peu de villes réunissent au même degré.

32

Charles Nodier (France; Besançon, 1780–Paris, 1844), Isidorée Justin Séverin Taylor (France; Bruxelles, 1789–Paris, 1879), et Alphonse de Cailleux (France; Rouen, 1788–Paris 1876), *Voyages pittoresques et romantiques dans l'ancienne France* (Paris : Firmin Didot, 1820–1878). 52 × 34 cm. Vol. II, IIe partie: *Bas Languedoc. Vue de Montpellier à la fin du dix-septième siècle*. Lithographie par Léon-Auguste Assélineau d'après un dessin d'Eugène Viollet-le-Duc.

Charles Nodier (France; Besançon, 1780–Paris, 1844), Isidorée Justin Séverin Taylor (France; Brussels, 1789–Paris, 1879), and Alphonse de Cailleux (France; Rouen, 1788–Paris 1876), *Voyages pittoresques et romantiques dans l'ancienne France* (Paris: Firmin Didot, 1820–1878). 52 × 34 cm. Vol.II, Part II: *Bas Languedoc. View of Montpellier at the end of the seventeenth century.* Lithograph by Léon-Auguste Assélineau after a drawing by Eugène Viollet-le-Duc.

33

Joseph Michael Gandy (Grande-Bretagne; Londres, 1771–1843), *Vue de l'intérieur d'un tombeau*. Plume et encre grise et aquarelle brune et jaune sur traits à la mine de plomb, sur papier collé en plein sur toile tendue, vers 1815. 69,7 × 106,7 cm. DR 1984:1013.

Joseph Michael Gandy (Great Britain; London, 1771–1843), *View of the interior of a tomb*. Pen, grey ink and brown and yellow watercolour over graphite on paper laid down on stretched canvas, about 1815. 69.7 × 106.7 cm. DR 1984:1013.

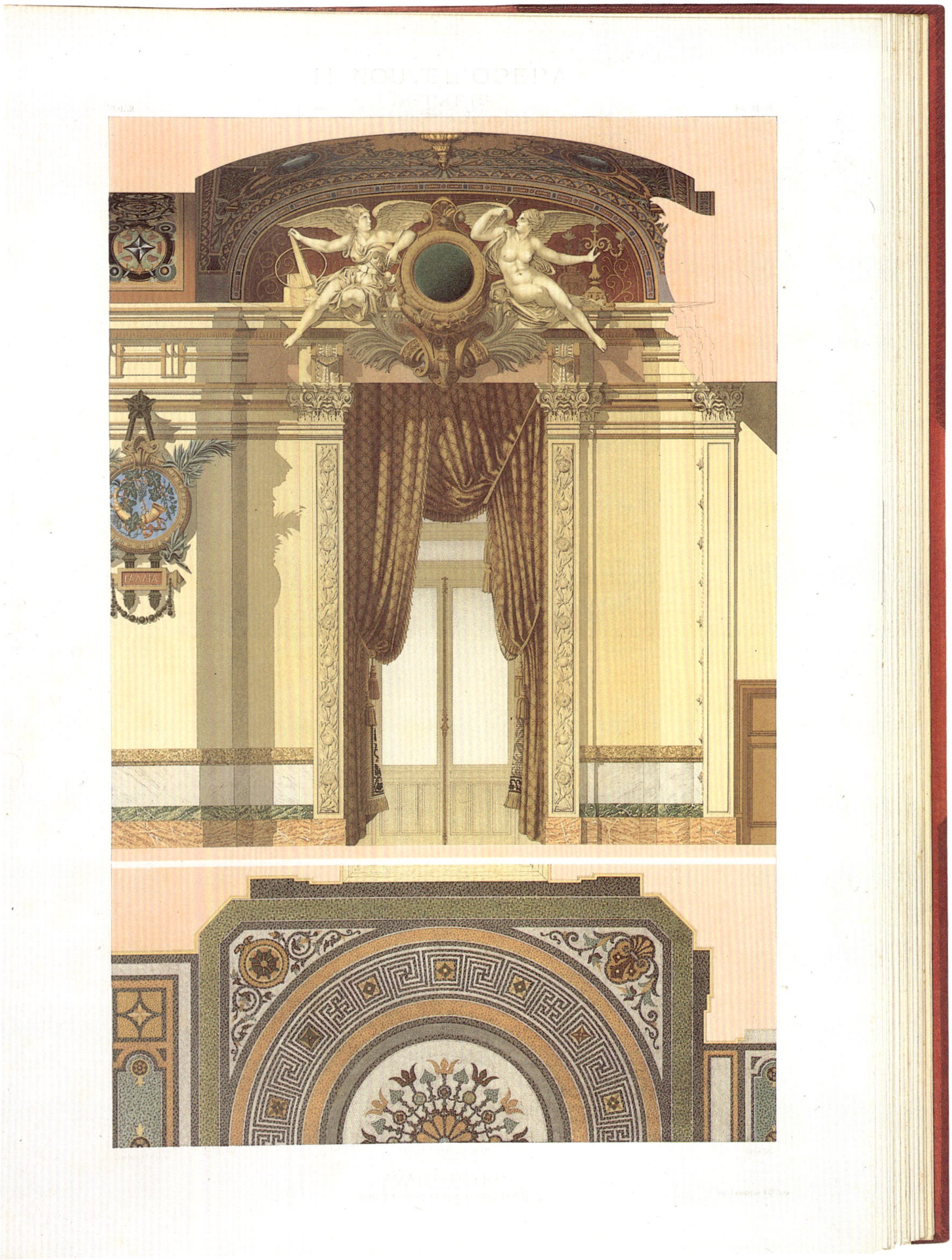

34

Charles Garnier (France; Paris, 1825–1898), *Le Nouvel Opéra de Paris* (Paris : Ducher et Compagnie, 1876–1881). 62,7 × 44,6 cm. Atlas, vol. II (1880). Planche 14–15 : *Avant-foyer, plan et élévation d'une porte*. Lithographie par Levié d'après un dessin de Duchamp.

Charles Garnier (France; Paris, 1825–1898), *Le Nouvel Opéra de Paris* (Paris: Ducher et Compagnie, 1876–1881). 62.7 × 44.6 cm. Atlas, vol. II (1880). Plate 14–15: *Outer foyer, plan and elevation of a doorway*. Lithograph by Levié after a drawing by Duchamp.

35

Charles Garnier (France; Paris, 1825–1898), *Le Nouvel Opéra de Paris* (Paris : Ducher et Compagnie, 1876–1881). 62,3 × 45 cm. Atlas, vol. I, 1880, planche 31 : *Élévation et sections du portail de l'entrée du chef de l'État, sur la façade latérale de l'Opéra de Paris*. Gravure sur acier par Auguste Bordet d'après un dessin de Duchamp.

Charles Garnier (France; Paris, 1825–1898), *Le Nouvel Opéra de Paris* (Paris: Ducher et Compagnie, 1876–1881). 62.3 × 45 cm. Atlas, vol. I, 1880, plate 31: *Elevation and sections of the entry portal for the Head of State on the side façade of the Opéra, Paris*, steel engraving by Auguste Bordet after a drawing by Duchamp.

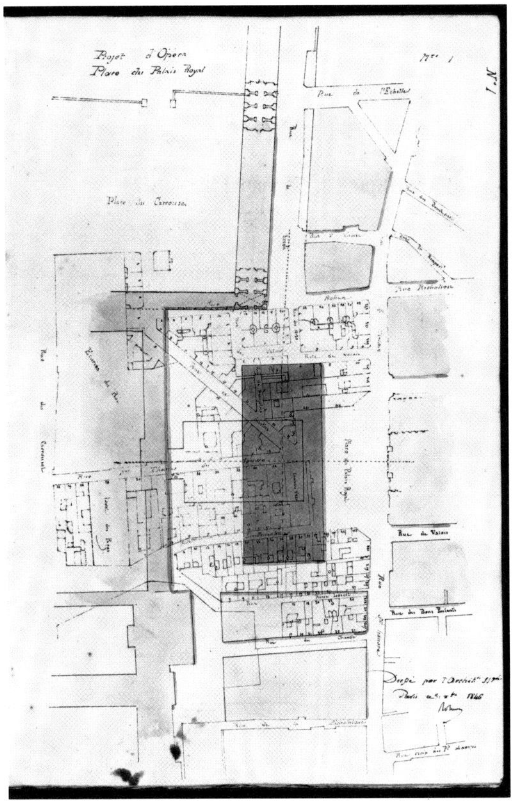

36

Charles Rohault de Fleury (France; Paris, 1801–1875), *Plan d'emplacement pour l'Opéra de Paris, place du Palais-Royal*. Plume et encre noire et aquarelle brun et rose sur papier beige, 1846. 46,8 × 30,5 cm. Signé et daté, en bas à droite : «Dressé par l'Archit.te ss.gne Paris ce 31 xbre 1846 R de Fleury». Folio 11 d'un album de dix-neuf folios comprenant neuf études d'emplacement pour l'Opéra de Paris. DR 1974:002:36:1:11r.

Charles Rohault de Fleury (France; Paris, 1801–1875), *Proposed site plan for the Opéra at the Place du Palais Royal, Paris*. Pen, black ink and brown and pink watercolour on beige paper, 1846. 46.8 × 30.5 cm. Signed and dated lower right: "Dressé par l'Archit.te ss.gne Paris ce 31 xbre 1846 R de Fleury." Folio 11 from an album of nineteen folios, including nine site studies for the Opéra, Paris. DR 1974:002:36:1:11r.

Dimanche 7 Août 1898 — TRENTE-CINQUIÈME ANNÉE N° 65 — Dimanche 7 Août 1898

BUREAUX 35, rue de la Victoire, 35 PARIS — TÉLÉPHONE : 147-28

LE BATIMENT

JOURNAL DES TRAVAUX PUBLICS ET PARTICULIERS

Les Travaux officiels, Le Moniteur de la Propriété immobilière et le Moniteur du Bâtiment (réunis)

Bulletin général des Adjudications officielles

Directeur : Stanislas FERRAND, architecte-ingénieur, Député de la Seine.

CHARLES GARNIER

SOMMAIRE

CHARLES GARNIER

37

Le Bâtiment : journal des travaux publics et particuliers, Paris, 7 août 1898. 62,5 × 46 cm. Première page : *Hommage à Charles Garnier à la suite de son décès*

Le Bâtiment: Journal des travaux publics et particuliers, Paris, August 7, 1898. 62.5 × 46 cm. Front page: *Hommage to Charles Garnier after his death*

38

Édouard Durandelle (France; travaille à Paris entre 1866 et 1888), *Masques du vestibule circulaire de l'Opéra de Paris* (Charles Garnier, architecte). Épreuve argentique à l'albumine, vers 1875. PH 1979:162:4:33.

Imprimé : *Masques du vestibule circulaire*, planche 36 de *Le Nouvel Opéra de Paris, Sculpture Ornementale* (Paris : Ducher et Compagnie, 1875).

Edouard Durandelle (France; active Paris, 1866–1888), *Masks in the circular vestibule of the Opéra, Paris* (Charles Garnier, architect). Albumen silver print, about 1875. PH 1979:162:4:33.

Imprinted: *Masques du vestibule circulaire*, plate 36 from *Le Nouvel Opéra de Paris, Sculpture Ornamentale* (Paris: Ducher et Compagnie, 1875).

39

Léon Vaudoyer (France; Paris, 1803–1873), *Élévations, coupes et détails des ruines d'un temple, jardin du prince Colonna, mont Quirinal, Rome.* Plume et encre noire, lavis brun, gris et rose sur papier beige, 1828. 140 × 112 cm. Signé et daté, en bas à gauche : «Léon Vaudoyer Rome 1828.» DR 1979:238.

Léon Vaudoyer (France; Paris, 1803–1873), *Elevations, sections and details of the ruins of a temple, garden of Prince Colonna, Quirinal Hill, Rome.* Pen, black ink and brown, grey and pink wash on beige paper, 1828. 140 × 112 cm. Signed and dated lower left: "Léon Vaudoyer Rome 1828." DR 1979:238.

40

A. v. W. Loeillet (Allemagne; travaille entre 1850 et 1876), d'après Karl Friedrich Schinkel (Allemagne; Neuruppin, 1781–Vienne, 1841), *Perspective de la terrasse du projet de 1838 pour le palais Orianda, Crimée*. Chromolithographie sur papier beige, 86 × 59,9 cm. Planche 10 de *Entwurf zu dem Kaislerichen Palast Orianda in der Krimm für die Ausfuhrung erfunden*. Berlin: Ernst & Korn, 1873. DR 1984:581:11.

A. v. W. Loeillet (Germany; active 1850–1876), after Karl Friedrich Schinkel (Germany; Neuruppin, 1781–Vienna, 1841), *Perspective of the terrace of the 1838 project for the Orianda Palace, Crimea*. Chromolithograph on beige paper, 86 × 59.9 cm. Plate 10 from *Entwurf zu dem Kaislerichen Palast Orianda in der Krimm für die Ausfuhrung erfunden*. Berlin: Ernst & Korn, 1873. DR 1984:581:11.

41

Attribué à Victor Chevalier (France; travaille dans la première moitié du XIXe siècle), *Vue du portail d'entrée de l'hôtel d'Uzès, à Paris* (Claude Nicolas Ledoux, architecte). Daguerréotype, vers 1848. 20,6 × 14,9 cm.
PH 1984:155.

Attributed to Victor Chevalier (France; active first half of the nineteenth century), *View of the entrance portal of the Hôtel d'Uzès, Paris* (Claude Nicolas Ledoux, architect). Daguerreotype, about 1848. 20.6 × 14.9 cm. PH 1984:155.

42

Charles Nègre (France; Grasse, 1820–1880), *Vue de l'Asile impérial de Vincennes, France*. Épreuve argentique à l'albumine, 1859.
23,2 × 16,6 cm. PH 1982:639.

Charles Nègre (France; Grasse, 1820–1880), *View of the Imperial Asylum, Vincennes, France*. Albumen silver print, 1859.
23.2 × 16.6 cm. PH 1982:639.

43

Roger Fenton (Grande-Bretagne; Heywood, Lancashire, 1819–Londres, 1869), *Vue depuis le cimetière abbatial du portail du transept nord, abbaye de Rievaulx, Yorkshire.* Épreuve sur papier salé, vers 1850. 23,4 × 20 cm. PH 1982:350.

Roger Fenton (Great Britain; Heywood, Lancashire, 1819–London, 1869), *View from the monk's burial ground of the portal of the north transept, Rievaulx Abbey, Yorkshire.* Salted paper print, about 1850. 23.4 × 20 cm. PH 1982:350.

44

Révérend George W. Bridges (Grande-Bretagne; travaille au milieu du XIXe siècle), *Vue de la tour des Vents, à Athènes*. Calotype, vers 1846–1852. 15,7 × 21,2 cm. Légende : *The Water Clock of Andronicus de Cyrrhus—Tower of the Winds—(erected 35 years B.C.)*, planche 47 d'un portfolio de soixante-six photographies de Bridges, *Talbotypes of the Shores of the Mediterranean, 1846–1852. Selection from Seventeen-Hundred Genuine Photographs (Views, Portraits, Statuary, Antiquities): Taken around the Shores of the Mediterranean between the Years 1846–1852*. PH 1980:394:47.

Reverend George W. Bridges (Great Britain: active middle of the nineteenth century), *View of the Tower of the Winds, Athens*. Calotype, about 1846–1852. 15.7 × 21.2 cm. Imprinted: *The Water Clock of Andronicus de Cyrrhus—Tower of the Winds—(erected 35 years B.C.)*, plate 47 from a portfolio of sixty-six photographs by Bridges, *Talbotypes of the Shores of the Mediterranean, 1846–1852. Selection from Seventeen-Hundred Genuine Photographs (Views, Portraits, Statuary, Antiquities): Taken around the Shores of the Mediterranean between the Years 1846–1852*. PH 1980:394:47.

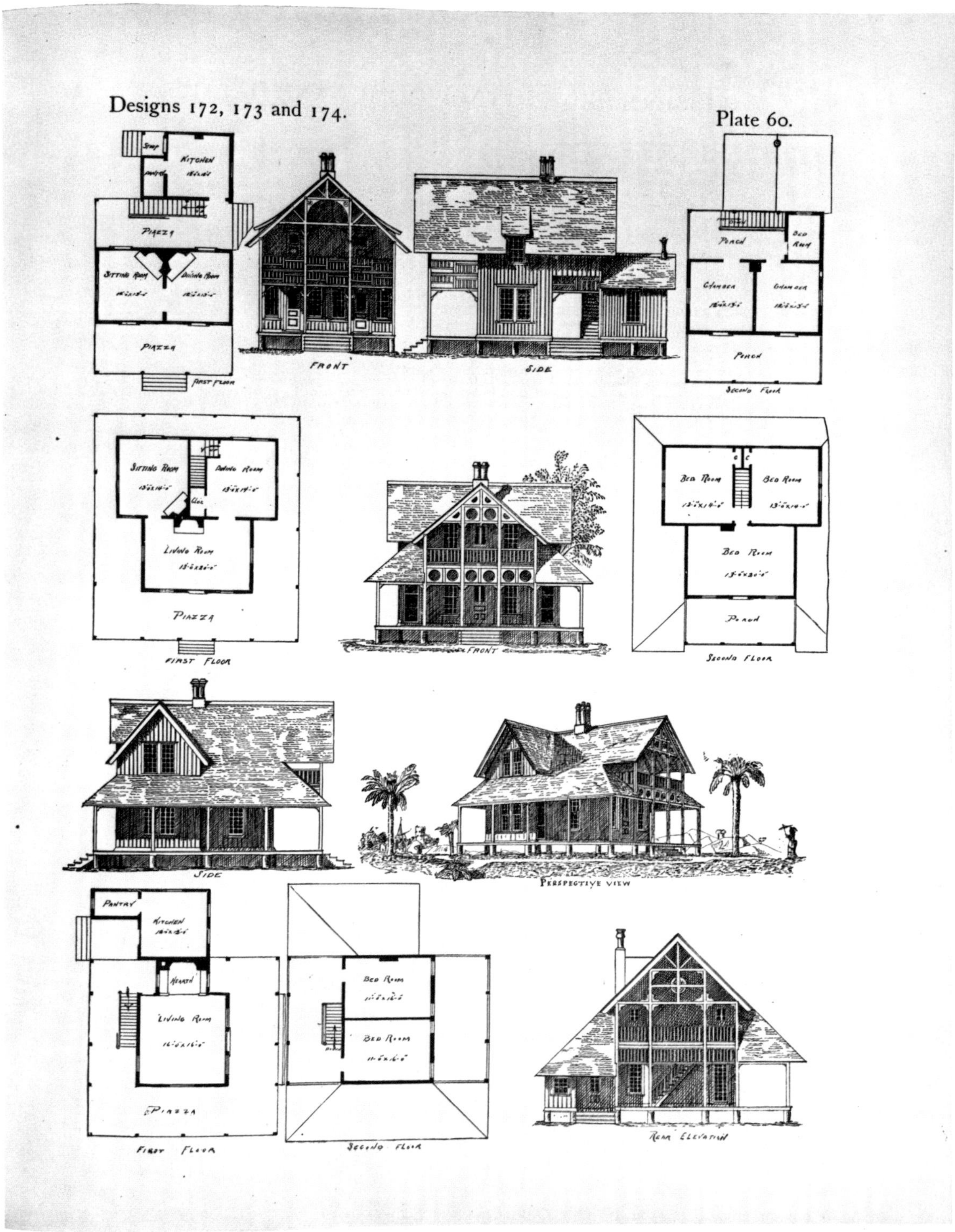

45

Palliser, Palliser and Co. (États-Unis; à New York dans le dernier quart du XIXe siècle), *Palliser's New Cottage Homes and Details* (New York : l'auteur, 1887). 35,2 × 28 cm. Planche 60, nos 172–174 : *Plans et élévations de pavillons de banlieue.*

Palliser, Palliser and Co. (United States; active New York, last quarter of the nineteenth century), *Palliser's New Cottage Homes and Details* (New York: The author, 1887). 35.2 × 28 cm. Plate 60, Designs 172–174: *Plans and elevations for suburban cottages.*

46

Georg Koppmann (Allemagne; travaille dans le troisième quart du XIXe siècle), *Vue de façades de maisons, Dovenflethstrasse, Hambourg*. Épreuve argentique à l'albumine, 1883. 38,7 × 26,6 cm. Inscription : *Hinterhauser am Dovenfleth 1883*. PH 1982:577.

Georg Koppmann (Germany; active third quarter of the nineteenth century), *View of the facades of houses, Dovenflethstrasse, Hamburg*. Albumen silver print, 1883. 38.7 × 26.6 cm. Inscribed: *Hinterhauser am Dovenfleth 1883*. PH 1982:577.

47

Adolphe Terpereau (France; travaille dans la seconde moitié du XIXe siècle), *Vue du viaduc franchissant la Truyère, Garabit, France* (Gustave Eiffel, ingénieur). Épreuve argentique à l'albumine, 1er avril 1884. 36,9 × 48,1 cm. Imprimé : *Viaduc de Garabit (Ligne de Marvejols à Neussargues)*. Planche I d'un album de trente-trois photographies intitulé *Viaducs de Garabit et de la Tardes, 1878–1884*. PH 1983:480:01.

Adolphe Terpereau (France; active second half of the nineteenth century), *View of the bridge over the Truyère River, Garabit, France* (Gustave Eiffel, engineer). Albumen silver print, April 1, 1884. 36.9 × 48.1 cm. Imprinted: *Viaduc de Garabit (Ligne de Marvejols à Neussargues)*. Plate I from an album of thirty-three photographs entitled *Viaducs de Garabit et de la Tardes, 1878–1884*. PH 1983:480:01.

48

James Hodges (Grande-Bretagne; Queensborough, 1814–Bagshot, 1879), *Construction of the Great Victoria Bridge in Canada* (Londres : John Wenle, 1860). 59 × 42 cm. Planche en regard de la page 57: *Vue du caisson central du pont Victoria en construction*.

James Hodges (Great Britain; Queensborough, 1814–Bagshot, 1879), *Construction of the Great Victoria Bridge in Canada* (London: John Wenle, 1860). 59 × 42 cm. Plate opposite page 57: *View of central tube of the Victoria Bridge under construction*.

49

Attribué à Edmond Jean-Baptiste Paulin (France; Paris, 1848–1915), *Projet pour le Château d'Eau avec une vue et coupe transversale de bâtiments projetés pour l'Exposition universelle de 1900*. Aquarelle bleu, or et vert, avec gouache sur traits à la mine de plomb sur papier beige, vers 1895. 51,8 × 100,3 cm. DR 1982:0111.

Attributed to Edmond Jean-Baptiste Paulin (France; Paris, 1848–1915), *Project for the Château d'Eau with a view and cross section of projected buildings for the 1900 Exposition Universelle*. Blue, gold and green watercolour and white gouache over graphite on beige paper, about 1895. 51.8 × 100.3 cm. DR 1982:0111.

50

Photographe anonyme, *Trois vues du palais central de l'Exposition de la culture contemporaine, Brno, Tchécoslovaquie, 1928* (Joseph Fuchs, architecte), maquette. Épreuves argentiques à la gélatine, 1928. Planche 15 de Robert Mallet-Stevens, *Grandes Constructions* (Paris : Éditions d'Art Charles Moreau). PH 1980:1015.

Unknown photographer, *Three views of the Central Palace at the 1928 Exhibition of Contemporary Culture, Brno, Czechoslovakia* (Joseph Fuchs, architect), dummy. Gelatin silver prints, 1928. Plate 15 from Robert Mallet-Stevens, *Grandes Constructions* (Paris: Editions d'Art Charles Moreau). PH 1980:1015.

51

Attribué à Emil Theodor Fuser (Allemagne; travaille dans la première partie du XXe siècle), *Vue de l'entrée du pavillon soviétique à l'Exposition internationale de l'hygiène, Dresde, 1930* (Eleazer M. Lissitzky, architecte). Épreuve argentique à la gélatine, 16,4 × 22,4 cm. PH 1983:275.

Attributed to Emil Theodor Fuser (Germany; active first part of the twentieth century), *View of the entrance of the Soviet Pavilion at the International Hygiene Exhibition, Dresden, 1930* (Eleazer M. Lissitzky, architect). Gelatin silver print, 16.4 × 22.4 cm. PH 1983:275.

52

Catherine Wagner (États-Unis; San Francisco, Californie, née en 1953), *Panorama depuis la station de monorail, Louisiana World Exposition, 1984*. (Perez et associés, urbanistes et architectes; Charles Moore, William Turnbull, Arthur Anderson et Leonard Salvato, concepteurs). Épreuve argentique à la gélatine, 1984. 35,1 × 46 cm. Fait partie d'une série de photographies commandées par le Centre Canadien d'Architecture sur la construction de la Louisiana World Exposition. TR 1985:002. Copyright Catherine Wagner et le Centre Canadien d'Architecture, Montréal, 1984.

Catherine Wagner (United States; San Francisco, California, 1953–), *Vista from the Monorail Station, Louisiana World Exposition, 1984*. (Perez and Associates, planners and architects; Charles Moore, William Turnbull, Arthur Anderson and Leonard Salvato, designers). Gelatin silver print, 1984. 35.1 × 46 cm. From a series of photographs commissioned by the Canadian Centre for Architecture documenting construction of the Louisiana World Exposition. TR 1985:002. Copyright Catherine Wagner and the Canadian Centre for Architecture, Montréal, 1984.

53

Frederick H. Evans (Grande-Bretagne; travaille également en France; Londres, 1853–1943), *Vue de détails du décor sculpté de l'intérieur du Chapitre d'York Minster.* Épreuve au platine, vers 1902. 11,9 × 9,9 cm. Fait partie d'un portfolio de quatre-vingt-quinze planches. Annoté par le photographe : *York Minster, Chapter House, Photographs, in Platinotype, by Frederick H. Evans*. PH 1976:044:048.

Frederick H. Evans (Great Britain; active also France; London, 1853–1943), *View of details of sculptural decoration from the interior of the Chapter House of York Minster.* Platinum print, about 1902. 11.9 × 9.9 cm. From a portfolio of 95 plates. Inscribed by the photographer: *York Minster, Chapter House, Photographs, in Platinotype, by Frederick H. Evans*. PH 1976:044:048.

54

Attribué à Henry Fuermann (États-Unis; travaille au début du XXe siècle), *Vue de l'intérieur de la maison Darwin D. Martin, Buffalo, New York* (Frank Lloyd Wright, architecte). Épreuve argentique à la gélatine, 8 septembre 1906. 19,2 × 24 cm. PH 1983:209.

Attributed to Henry Fuermann (United States; active early part of the twentieth century), *View of the interior of the Darwin D. Martin House, Buffalo, New York* (Frank Lloyd Wright, architect). Gelatin silver print, September 8, 1906. 19.2 × 24 cm. PH 1983:209.

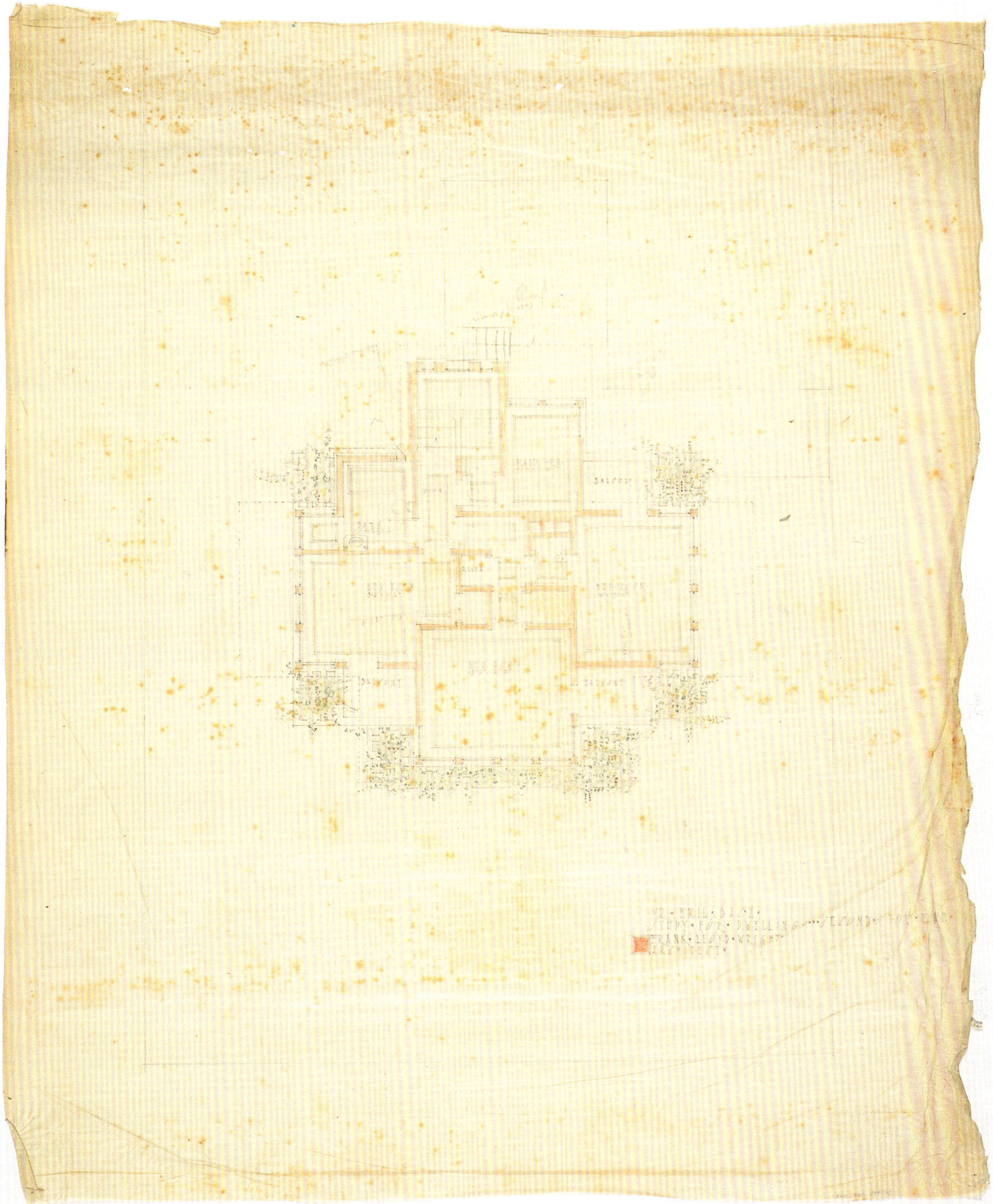

55

Frank Lloyd Wright (États-Unis; Richland Center, Wisconsin, 1867–Phoenix, Arizona, 1959), *Plan du premier étage de la maison Emil Bach, à Chicago*. Mine de plomb et crayon de couleur orange et vert sur papier Japon, 1915. 48 × 54 cm. DR 1980:060:003.

Frank Lloyd Wright (United States; Richland Center, Wisconsin, 1867–Phoenix, Arizona, 1959), *Plan of the second floor for the Emil Bach House, Chicago*. Graphite and orange and green coloured pencil on Japan paper, 1915. 48 × 54 cm. DR 1980:060:003.

56

Ernest Cormier (Canada; Montréal, Québec, 1885–1980), *Élévation de la Maison des Étudiants, Université de Montréal*. Lavis d'aquarelle sur dessin à la mine de plomb sur papier beige, vers 1936. 75 × 101 cm.

Ernest Cormier (Canada; Montréal, Québec, 1885–1980), *Elevation, Maison des Etudiants, Université de Montréal*. Watercolour washes over graphite on beige paper, about 1926. 75 × 101 cm.

57

Ludger Lemieux (Canada; West Farnham, Québec, 1872–Montréal, 1953), *Projet de rénovation du Montefiore Club, à Montréal*. Tirage bleu sur papier émulsionné, 1921. 64,8 × 55,6 cm. Fait partie du Fonds Ludger et Paul M. Lemieux. 24,17/61.

Ludger Lemieux (Canada; West Farnham, Québec, 1872–Montréal, 1953), *Proposed alterations to the Montefiore Club, Montréal*. Blue print on emulsion paper, 1921. 64.8 × 55.6 cm. From the Ludger and Paul M. Lemieux Archive. 24,17/61.

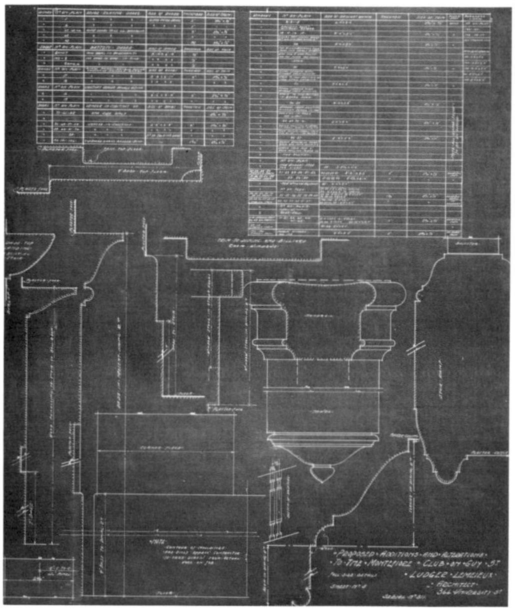

58

Berenice Abbott (États-Unis; Springfield, Ohio, née en 1898), *Rockefeller Center, New York, 1932 : extérieur du RCA Building en construction* (Harrison et Abramovitz, architectes). Épreuve argentique à la gélatine, 1932. 42,3 × 34,8 cm. PH 1981:1012. Copyright Berenice Abbott, 1932.

Berenice Abbott (United States; Springfield, Ohio, 1898–), *Rockefeller Center, New York City, 1932: Exterior of the RCA Building under construction* (Harrison and Abramovitz, architects). Gelatin silver print, 1932. 42.3 × 34.8 cm. PH 1981:1012. Copyright Berenice Abbott, 1932.

59

Photographe anonyme, *Vue de la maquette pour la maison de M. et Mme Homer Johnson, les parents de Philip Johnson, Pinehurst, Caroline du Nord* (J. J. P. Oud, architecte). Épreuve argentique à la gélatine traitée à l'aérographe, vers 1930–1931. 13,6 × 22,9 cm. PH 1983:304.

Unknown photographer, *View of the model for the proposed house of Mr. and Mrs. Homer Johnson, the parents of Philip Johnson, Pinehurst, North Carolina* (J. J. P. Oud, architect). Gelatin silver print with airbrush, about 1930–1931. 13.6 × 22.9 cm. PH 1983:304.

60

Jacobus Johannes Pieter Oud (Pays-Bas; Pumerend, 1890–Wassenaar, 1963), *Élévation, plan et coupe pour un immeuble d'habitation, Strandboulevard, Scheveningen, Pays-Bas*. Plume et encre noire sur papier-calque blanc, 1917. 59 × 108,1 cm. Fait partie d'un ensemble de quatre dessins pour ce projet. DR 1984:19.

Jacobus Johannes Pieter Oud (The Netherlands; Pumerend, 1890–Wassenaar, 1963), *Elevation, plan and section for the proposed Ocean Boulevard Apartments, Scheveningen, The Netherlands*. Pen and black ink on white tracing paper, 1917. 59 × 108.1 cm. One of four drawings for this project. DR 1984:19.

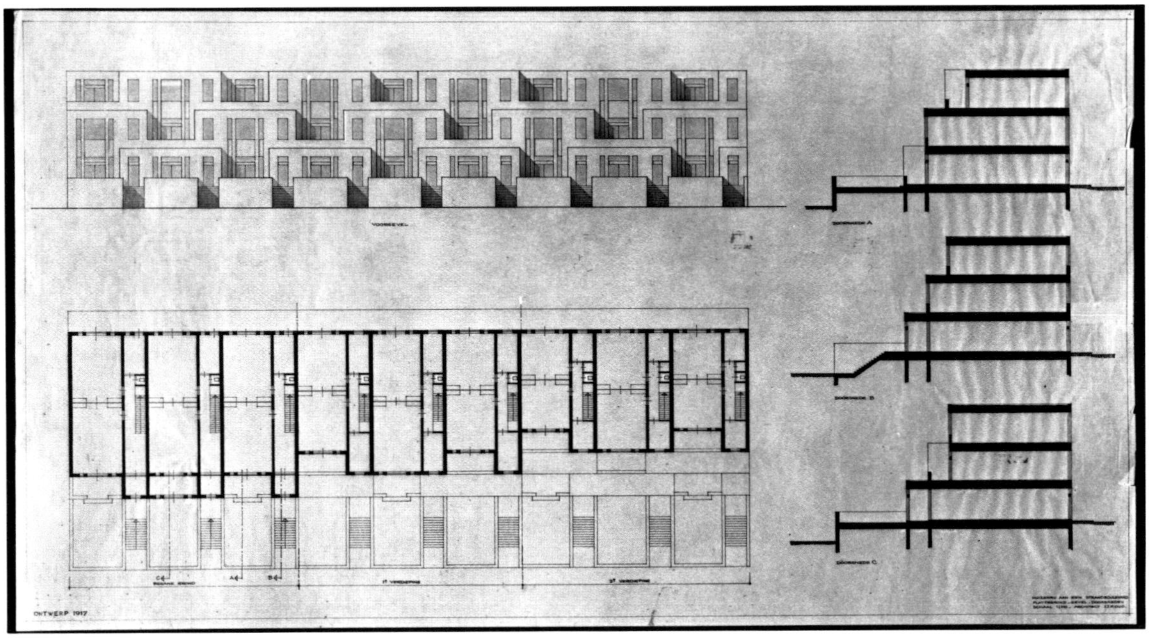

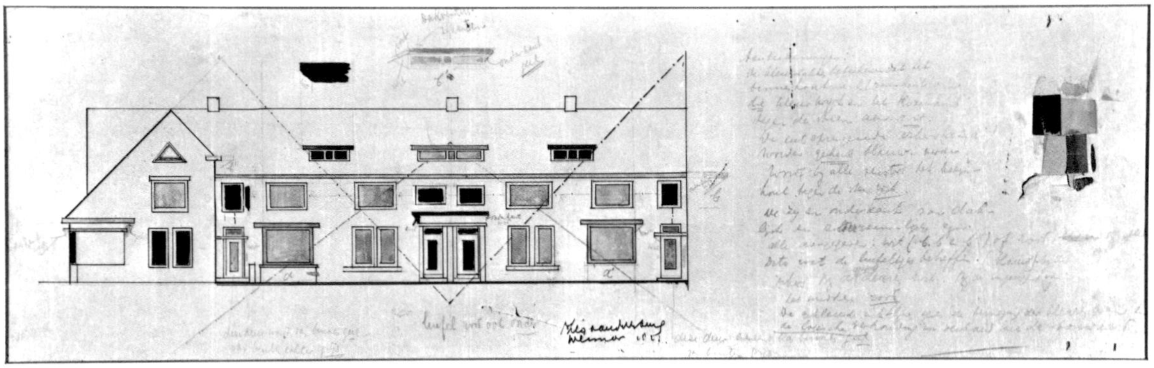

61

Theo van Doesburg (Pays-Bas; Utrecht, 1883–Davos, Suisse, 1931; travaille aussi en Allemagne et en France), *Étude en couleurs pour l'extérieur d'un immeuble d'habitation de la classe moyenne, Drachten, Pays-Bas* (C. R. de Bower, architecte). Plume et encre noire, gouache rouge, jaune et bleue et mine de plomb sur papier-calque, 1921. 20 × 61,5 cm. Signé et daté, en bas au centre : «Theo van Doesburg Weimar 1921». DR 1984:0707.

Theo van Doesburg (The Netherlands; Utrecht, 1883–Davos, Switzerland, 1931; also active Germany, France), *Colour study for the exterior of a middle-class housing block, Drachten, The Netherlands* (C. R. de Bower, architect). Pen and black ink, red, yellow and blue gouache and graphite on tracing paper, 1921. 20 × 61.5 cm. Signed and dated lower centre: "Theo van Doesburg Weimar 1921." DR 1984:0707.

62

Lucia Moholy (Grande-Bretagne; née à Prague, Tchécoslovaquie, en 1900), *Studios des maîtres enseignant au Bauhaus de Dessau* (Walter Gropius, architecte), 1926. 27,6 × 37,4 cm. PH 1984:396.

Lucia Moholy (Great Britain; Prague, Czechoslovakia, 1900–) *Studio houses of the Bauhaus Masters, Dessau* (Walter Gropius, architect), 1926. 27.6 × 37.4 cm. PH 1984:396.

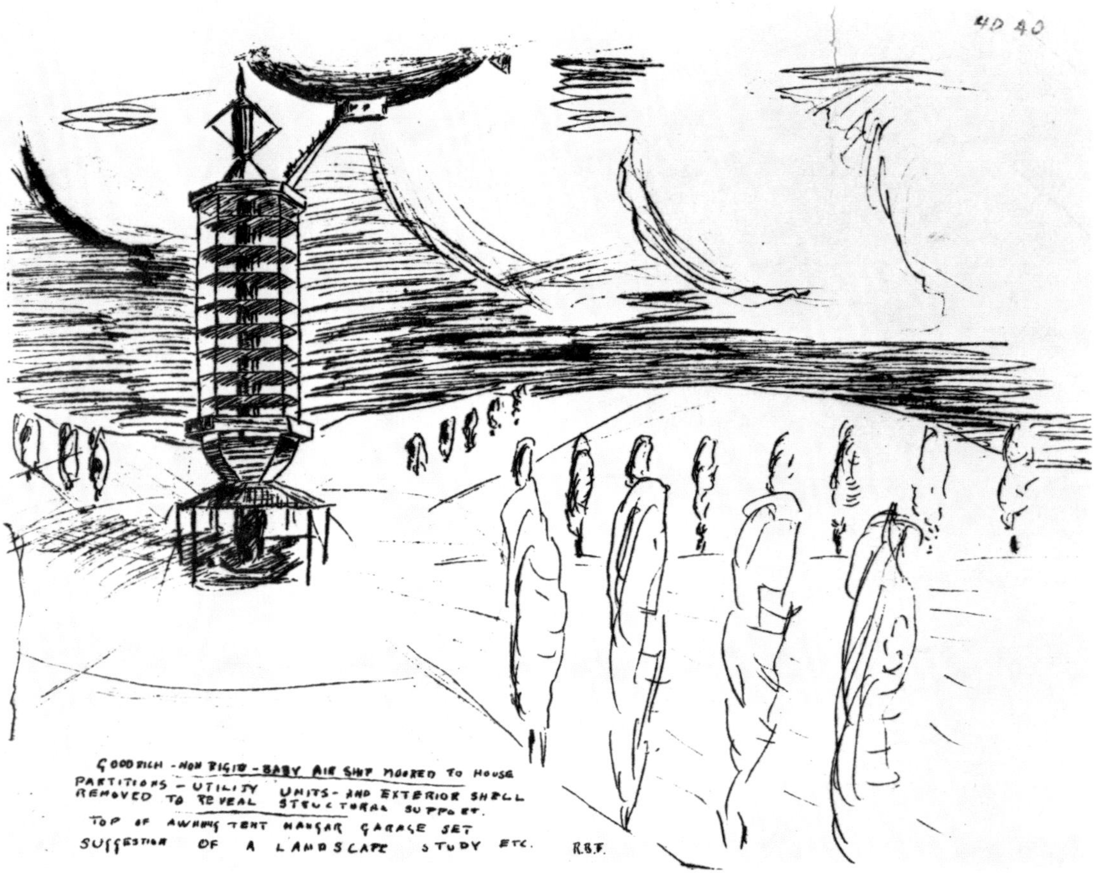

63

Richard Buckminster Fuller (États-Unis; Milton, Massachusetts, 1895–Los Angeles, Californie, 1983), *Projet pour un immeuble à plusieurs niveaux pouvant servir à l'amarrage d'un dirigeable*. Polycopié à l'encre noire sur papier beige, 1927. 21,4 × 27,5 cm. Fait partie d'un ensemble de cinq polycopiés de Fuller pour son livre *4–D*, Chicago, 1928. DR 1984:1613.

Richard Buckminster Fuller (United States; Milton, Massachusetts, 1895–Los Angeles, California, 1983), *Perspective sketch showing interior structure of proposed multideck house with mast on the roof used as a dirigible mooring*. Mimeograph print on beige paper, 1927. 21.4 × 27.5 cm. One of five mimeograph prints by Fuller for his book *4–D*, Chicago, 1928. DR 1984:1613.

64

Bodo Rasch (République fédérale d'Allemagne; Elberfeld, né en 1903), *Projet pour une ville formée d'habitations suspendues*, vue axonométrique. Plume et encre, mine de plomb et gouache blanche sur papier-calque collé en plein, 1928. 85,5 × 113,1 cm. Fait partie d'une série de dix dessins de structures suspendues. DR 1984:1558.

Bodo Rasch (Federal Republic of Germany; Elberfeld, 1903–), *Design for a town with suspension housing*, bird's-eye axonometric. Pen and ink, graphite and white gouache on tracing paper laid down, 1928. 85.5 × 113.1 cm. One of a series of ten drawings for suspension structures. DR 1984:1558.

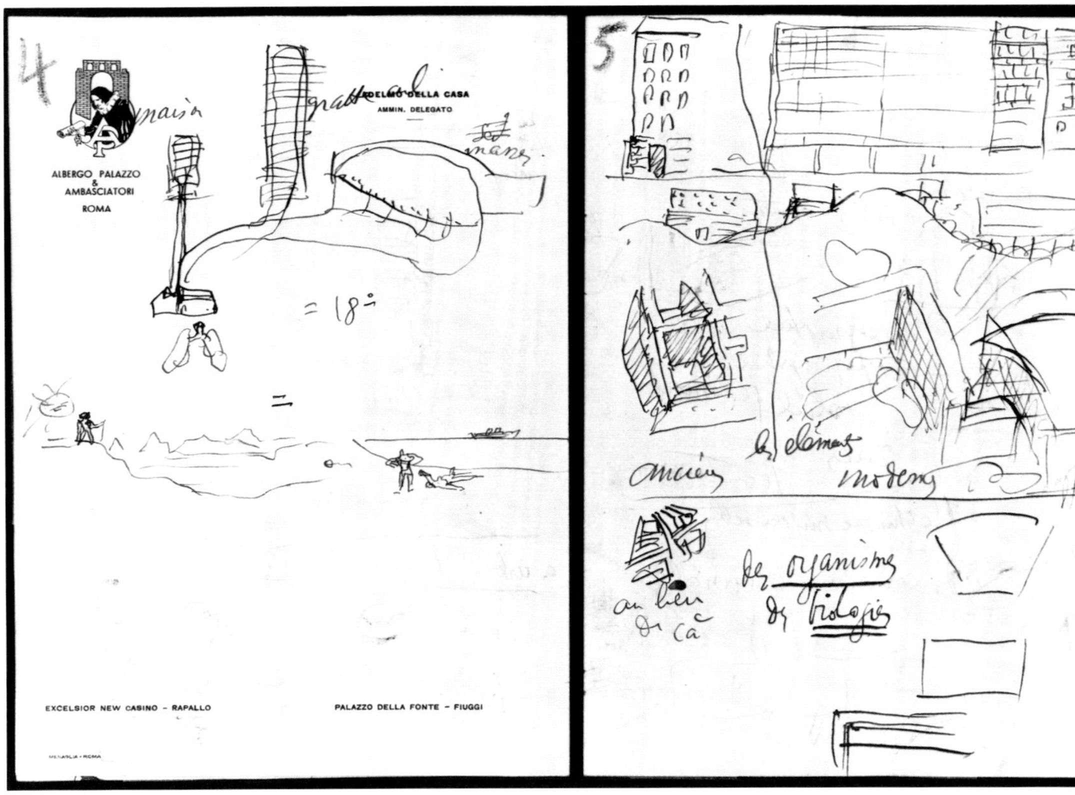

65

Le Corbusier (Charles-Édouard Jeanneret) (France; La Chaux-de-Fonds, Suisse, 1887–Cap-Martin, France, 1965), *Notes pour une allocution prononcée au Circolo delle Arti e delle Lettere, à Rome*. Plume et encre bleue et crayon rouge et vert sur papier beige, 1934. 20 × 14,9 cm. Page 8 d'un manuscrit de neuf pages.
DR 1984:1652:008.

Le Corbusier (Charles-Edouard Jeanneret) (France; La Chaux-de-Fonds, Switzerland, 1887–Cap Martin, France, 1965), *Notes for a lecture given at the Circolo delle Arti e delle Lettere, Rome*. Pen and blue ink and red and green crayon on beige paper, 1934.
20 × 14.9 cm. Page 8 of a nine-page manuscript.
DR 1984:1652:008.

67

Ludwig Mies van der Rohe (États-Unis; Aachen, Allemagne, 1886–Chicago, Illinois, 1969), *Esquisse pour la Plaza du Seagram Building, à New York*. Mine de plomb sur papier-calque, 1955. 17 × 21,4 cm. Signé, en bas à droite : «Mies van der Rohe». DR 1978:0024.

Ludwig Mies van der Rohe (United States; Aachen, Germany, 1886–Chicago, Illinois, 1969), *Study for the Seagram Building Plaza, New York*. Graphite on tracing paper, 1955. 17 × 21.4 cm. Signed lower right: "Mies van der Rohe." DR 1978:0024.

66

Louis Isadore Kahn (États-Unis; Île de Saarama, Estonie, 1901–New York, 1974), *Plan d'ensemble pour le projet du Palais des congrès, à Venise*. Mine de plomb sur papier-calque jaune, vers 1968. 61,2 × 126,8 cm. Fait partie d'un ensemble de dix-huit feuilles de dessins pour ce projet. DR 1982:0015.

Louis Isadore Kahn (United States; Island of Saarama, Estonia, 1901–New York, 1974), *Site plan sketch, 1st project, for the proposed Congress Hall, Venice*. Charcoal on yellow tracing paper, about 1968–69. 61.2 × 126.8 cm. One of eighteen sheets of drawings for this project. DR 1982:0015.

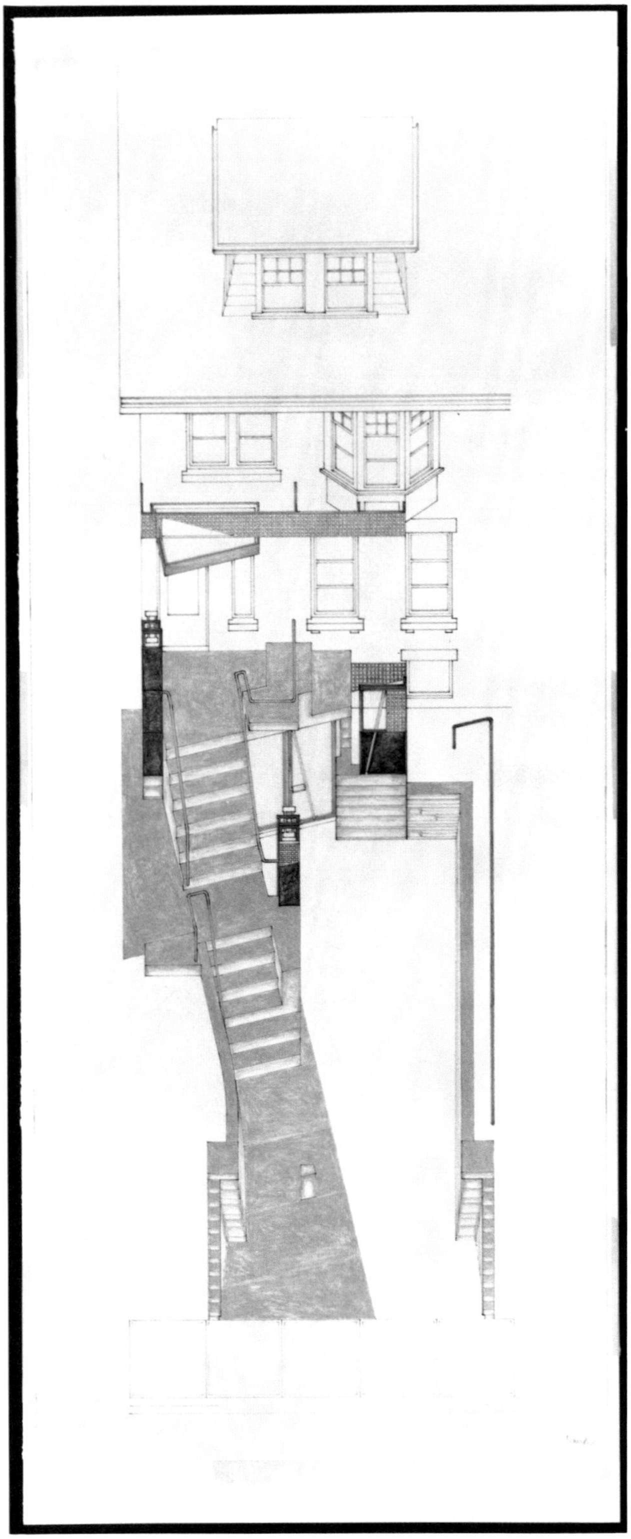

68

George Baird (Canada; Toronto, né en 1939), *Vue axonométrique de l'ajout à la façade de la maison Haig à Toronto*. Crayon de couleur gris, rouge et bleu, plume et encre brune sur papier-calque blanc, 1978. 61,7 × 30 cm. Signé, en bas à droite: «Baird». DR 1983:0023.

George Baird (Canada; Toronto, 1939–), *Axonometric view of the addition to the front of the Haig House, Toronto*. Gray, red and blue coloured pencil and pen and brown ink on white tracing paper, 1978. 61.7 × 30 cm. Signed lower right: "Baird." DR 1983:0023.

69

John Hedjuk (États-Unis; New York, né en 1929), *Projection axonométrique, du côté nord, de la Maison Nord-Sud-Est-Ouest*. Plume et encre de Chine, crayon de couleur sur papier de riz taupe, vers 1978–1979. 58,4 × 86,1 cm. DR 1984:1517.

John Hedjuk (United States; New York, 1929–), *Axonometric projection, from the north, of the North-South-East-West House*. Pen and india ink and coloured pencil on taupe rice paper, about 1978–1979. 58.4 × 86.1 cm. DR 1984:1517.

70

Michael Graves (États-Unis; Indianapolis, Indiana, né en 1934), *Étude de l'élévation principale pour le Public Service Building, Portland, Oregon*. Crayon de couleur et mine de plomb sur papier-calque jaune, 1979. 28,1 × 30,5 cm. Signé et daté, en bas au centre : «Portland Graves 79». Fait partie d'un ensemble de cinq études pour ce bâtiment. DR 1984:1480.

Michael Graves (United States; Indianapolis, Indiana, 1934–), *Elevation study of the principal façade for the Public Service Building, Portland, Oregon*. Coloured pencil and graphite on yellow tracing paper, 1979. 28.1 × 30.5 cm. Signed and dated lower centre: "Portland Graves 79." One of five studies for this building. DR 1984:1480.

71

Melvin Charney (Canada; Montréal, né en 1935), *Maquette des panneaux documentaires sur les maisons de la rue Sherbrooke, exposition Corridart, Montréal*, collage: texte dactylographié sur papier, épreuves argentiques à la gélatine. Original d'artiste, 1976. 41,4 × 52,6 cm. Signé en bas à droite: «m.c. 76.» DR 1984:1568:001–002.

Melvin Charney (Canada; Montréal, Québec, 1935–), *Explanatory panel for the installation "Les maisons de la rue Sherbrooke," Corridart Exhibition, Montréal*, montage of black and white and colour photographs and a typewritten text on paper. Artist's original, 1976. 41.4 × 52.6 cm. Signed lower right: "m.c. '76." DR 1984:1568:001–002.

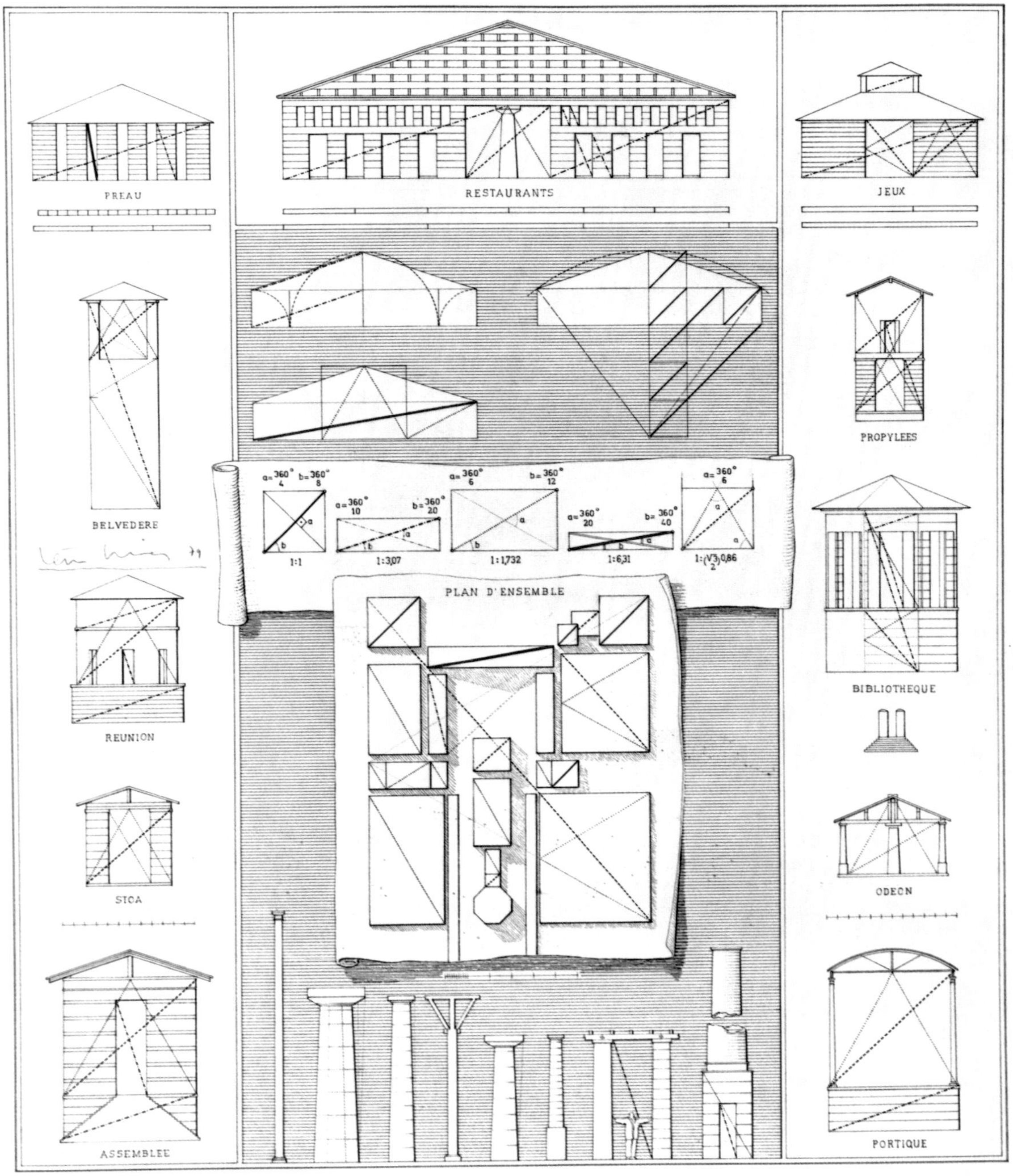

72

Léon Krier (Luxembourg; Luxembourg, né en 1946; travaille en Grande-Bretagne), *Étude de proportions en plan et en élévation pour une école de cinq cents élèves, Saint-Quentin-en-Yvelines, France*. Plume et encre noire sur papier blanc, 1979. 41,5 × 36,7 cm. Signé, au centre à gauche : «Léon Krier 79». Fait partie d'un ensemble de douze dessins pour ce projet. DR 1984:1500.

Leon Krier (Luxembourg; Luxembourg, 1946–; active Great Britain), *Proportional study of the plan and elevations for a proposed School for Five Hundred Children, St. Quentin en Yvelines, France*. Pen and black ink on white paper, 1979. 41.5 × 36.7 cm. Signed centre left: "Léon Krier 79." One of twelve drawings for this project. DR 1984:1500.

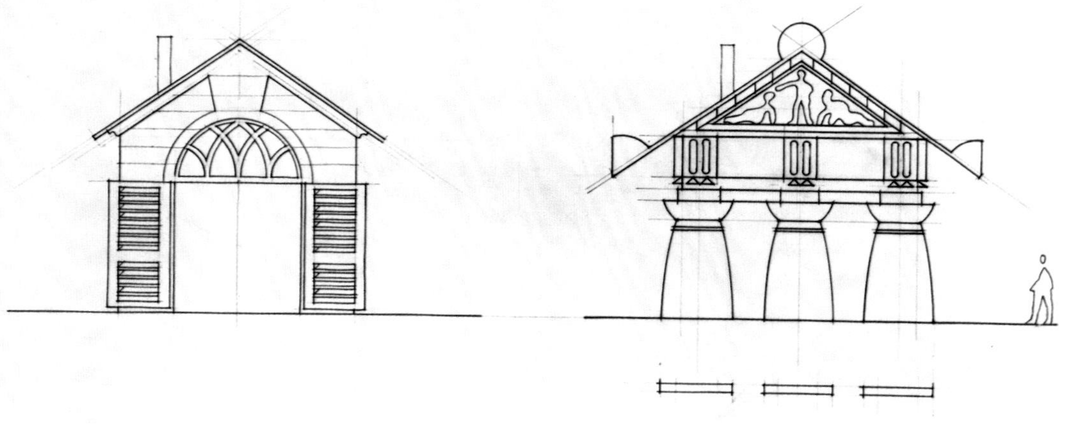

73

Robert Venturi (États-Unis; Philadelphie, Pennsylvanie, né en 1925), *Étude en élévation pour deux façades pour la série Eclectic House, une boîte minimaliste aux façades variées*. Mine de plomb sur vélin, 1977. 45,5 × 60,7 cm. Fait partie d'un ensemble de quatorze dessins de la série Eclectic House. DR 1984:1546.

Robert Venturi (United States: Philadelphia, Pennsylvania, 1925–), *Two elevation studies for the Eclectic House series, a minimalist box with various façades*. Graphite on vellum, 1977. 45.5 × 60.7 cm. One of fourteen sheets of drawings in the Eclectic House series. DR 1984:1546.

74

Frank Gohlke (États-Unis; Wichita Falls, Texas, né en 1942), *Vue aérienne, Midway Area, Minneapolis, Minnesota*. Épreuve argentique à la gélatine, 1973. 34,5 × 35,5 cm. PH 1982:791. Copyright Frank Gohlke, 1973.

Frank Gohlke (United States; Wichita Falls, Texas, 1942–), *Aerial view, Midway Area, Minneapolis, Minnesota*. Gelatin silver print, 1973. 34.5 × 35.5 cm. PH 1982:791. Copyright Frank Gohlke, 1973.

75

Tod Papageorge (États-Unis; Portsmouth, New Hampshire, né en 1940), *Sur le toit de Saint-Pierre de Rome, 1979 : vue, prise du sud-ouest, des statues surmontant la façade de Saint-Pierre de Rome* (Carlo Maderno, architecte). Épreuve argentique à la gélatine, 1979. 33,2 × 48,5 cm. PH 1980:325. Copyright Tod Papageorge, 1979.

Tod Papageorge (United States; Portsmouth, New Hampshire, 1940–), *On the roof of St. Peter's, Rome, 1979: View from the southwest of the statues on the roof above the façade of St. Peter's, Rome*. (Carlo Maderno, architect). Gelatin silver print, 1979. 33.2 × 48.5 cm. PH 1980:325. Copyright Tod Papageorge, 1979.

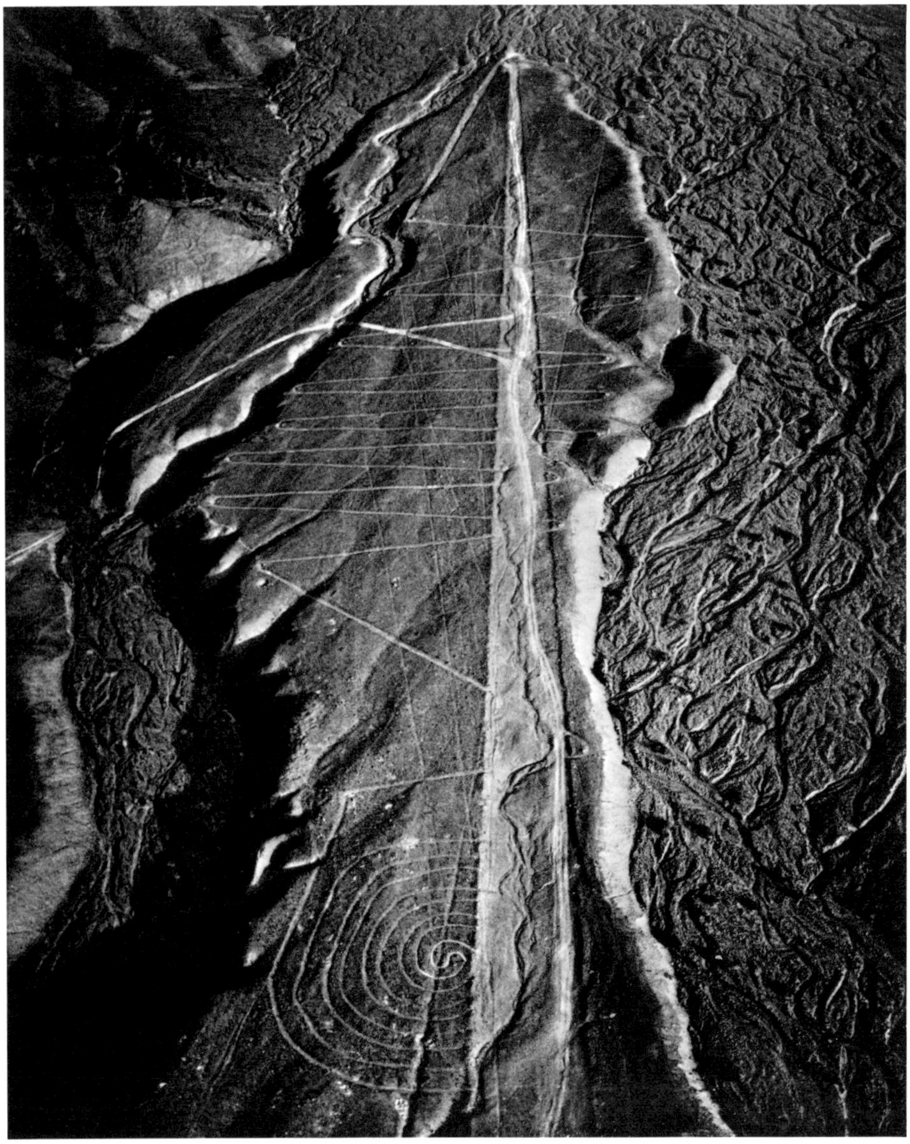

76

Marilyn Bridges (États-Unis; Allendale, New Jersey, née en 1948; travaille aussi au Mexique et en Amérique du Sud), *Fil et aiguille, Nazca, Pérou : vue aérienne d'anciens «earthworks»*. Négatif, 1979; épreuve argentique à la gélatine, 1984. 47,5 × 37,9 cm. PH 1984:101. Copyright Marilyn Bridges, 1979.

Marilyn Bridges (United States; Allendale, New Jersey, 1948–; active also Mexico and South America), *Yarn and Needle, Nazca, Peru: Aerial view of ancient earthworks.* Negative, 1979; gelatin silver print, 1984. 47.5 × 37.9 cm. PH 1984:101. Copyright Marilyn Bridges, 1979.

77

Gaetano Pesce (Italie; La Spezia, né en 1939; travaille aussi aux États-Unis), *Projet représenté de points de vue multiples pour la bibliothèque nationale Pahlavi et le square national Pahlavi, à Téhéran*, dessin du concours. Divers procédés sur papier beige, 1977. 150 × 300 cm. Fait partie d'un ensemble de quelque trente-cinq études et dessins de présentation pour ce projet. DR 1984:1730.

Gaetano Pesce (Italy; La Spezia, 1939–; also active United States), *Multirepresentational view of the proposed Pahlavi National Library and the Pahlavi National Square, Tehran*, competition drawing. Various media on beige paper, 1977. 150 × 300 cm. One of approximately thirty-five studies and presentation drawings for this project. DR 1984:1730.

Périodiques
Periodicals

78

Sammlung nützlicher Aufsätze und Nachrichten, die Baukunst betreffend (Berlin). Vol. I (1797). Sous la direction de David Gilly. 26,3 × 21,8 cm. Frontispice, reproduit par E. L. Riedel d'une gravure par William Ellis d'après un dessin de Michael Angelo Rooker; eau-forte coloriée à la main. Page de titre, dessin de la vignette par Friedrich Gilly, eau-forte par Johann Friedrich Frick.

Sammlung nützlicher Aufsätze und Nachrichten, die Baukunst betreffend (Berlin). Vol. I (1797). Edited by David Gilly. 26.3 × 21.8 cm. Frontispiece, etched by E. L. Riedel from an engraving by William Ellis after a drawing by Michael Angelo Rooker; hand-coloured etching. Title page, vignette designed by Friedrich Gilly, etched by Johann Friedrich Frick.

79

The Builder's Magazine: Or Monthly Companion for Architects, Carpenters, Masons, Bricklayers, &c. (Londres), 1774. 25,8 × 19,8 cm. Page de titre.

The Builder's Magazine: Or Monthly Companion for Architects, Carpenters, Masons, Bricklayers, &c. (London), 1774. 25.8 × 19.8 cm. Title page.

80

Archaeologia aeliana: Or, Miscellaneous Tracts, Relating to Antiquity (Newcastle upon Tyne). Vol. I (1822). Imprimé par Sarah Hodgson pour la Society of Antiquaries. 27 × 20,9 cm. Page de titre.

Archaeologia aeliana: Or, Miscellaneous Tracts, Relating to Antiquity (Newcastle upon Tyne). Vol. I (1822). Printed by Sarah Hodgson for the Society of Antiquaries. 27 × 20.9 cm. Title page.

81

The Landscape Magazine (Londres), vers 1793. 18,5 × 25,4 cm. *Lessons in landscape, nos 1–3*, eau-forte.

The Landscape Magazine (London), ca. 1793. 18.5 × 25.4 cm. *Lessons in landscape, no. 1 – no. 3*, etching.

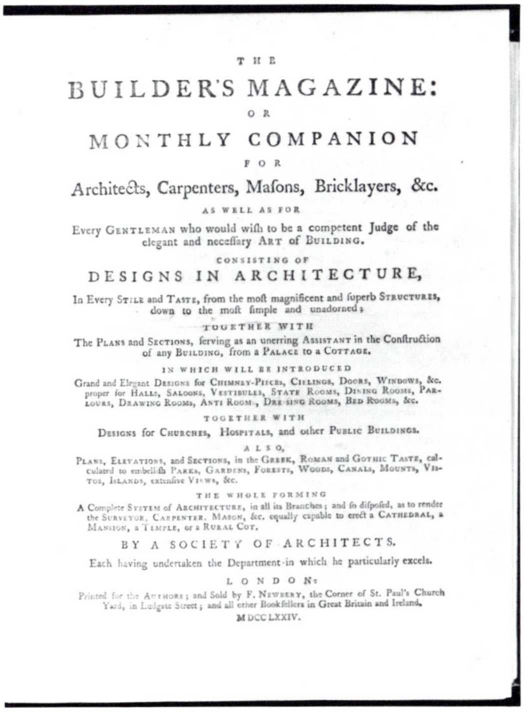

THE

BUILDER'S MAGAZINE:

OR

MONTHLY COMPANION

FOR

Architects, Carpenters, Masons, Bricklayers, &c.

AS WELL AS FOR

Every GENTLEMAN who would wish to be a competent Judge of the elegant and necessary ART of BUILDING.

CONSISTING OF

DESIGNS IN ARCHITECTURE,

In Every STILE and TASTE, from the most magnificent and superb STRUCTURES, down to the most simple and unadorned;

TOGETHER WITH

The PLANS and SECTIONS, serving as an unerring ASSISTANT in the Construction of any BUILDING, from a PALACE to a COTTAGE.

IN WHICH WILL BE INTRODUCED

Grand and Elegant DESIGNS for CHIMNEY-PIECES, CIELINGS, DOORS, WINDOWS, &c. proper for HALLS, SALOONS, VESTIBULES, STATE ROOMS, DINING ROOMS, PARLOURS, DRAWING ROOMS, ANTI ROOMS, DRESSING ROOMS, BED ROOMS, &c.

TOGETHER WITH

DESIGNS for CHURCHES, HOSPITALS, and other PUBLIC BUILDINGS.

ALSO,

PLANS, ELEVATIONS, and SECTIONS, in the GREEK, ROMAN and GOTHIC TASTE, calculated to embellish PARKS, GARDENS, FORESTS, WOODS, CANALS, MOUNTS, VISTOS, ISLANDS, extensive VIEWS, &c.

THE WHOLE FORMING

A Complete SYSTEM of ARCHITECTURE, in all its Branches; and so disposed, as to render the SURVEYOR, CARPENTER, MASON, &c. equally capable to erect a CATHEDRAL, a MANSION, a TEMPLE, or a RURAL COT.

BY A SOCIETY OF ARCHITECTS.

Each having undertaken the Department in which he particularly excels.

LONDON:

Printed for the AUTHORS; and Sold by F. NEWBERY, the Corner of St. Paul's Church Yard, in Ludgate Street; and all other Booksellers in Great Britain and Ireland.

MDCCLXXIV.

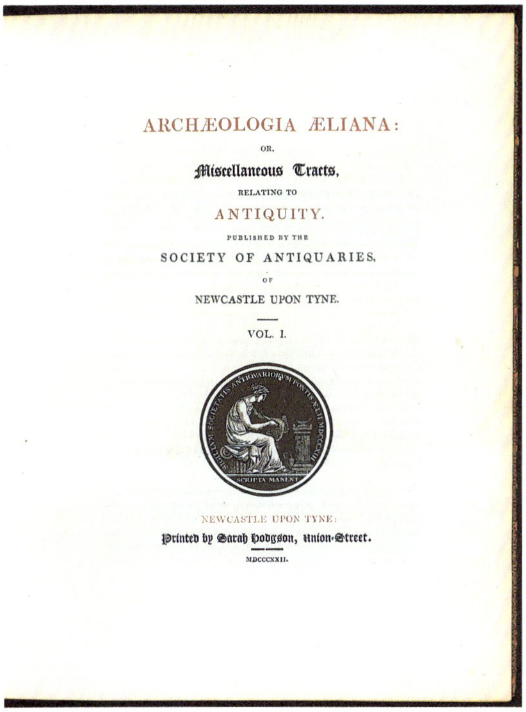

ARCHÆOLOGIA ÆLIANA:

OR,

Miscellaneous Tracts,

RELATING TO

ANTIQUITY.

PUBLISHED BY THE

SOCIETY OF ANTIQUARIES,

OF

NEWCASTLE UPON TYNE.

VOL. I.

SCRIPTA MANENT

NEWCASTLE UPON TYNE:

Printed by Sarah Hodgson, Union-Street.

MDCCCXXII.

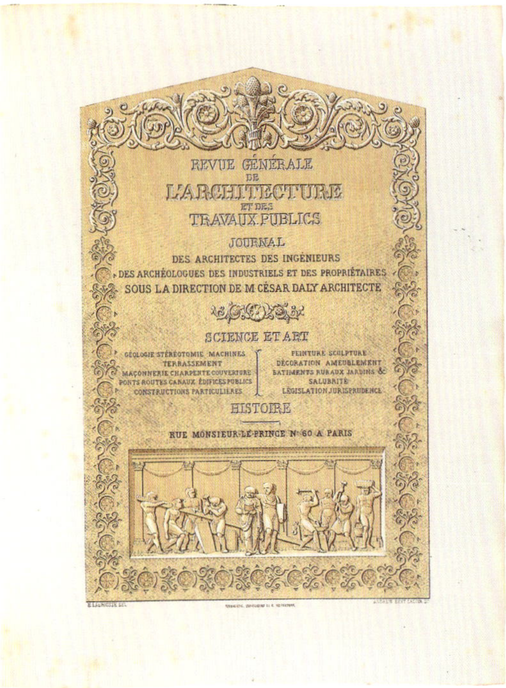

82

Revue générale de l'architecture et des travaux publics : journal des architectes, des ingénieurs, des archéologues, des industriels et des propriétaires (Paris). Vol. I (1840). Sous la direction de César Daly. 33,8 × 25,8 cm. Page de titre, dessin par Henri Labrouste.

Revue générale de l'architecture et des travaux publics: journal des architectes, des ingénieurs, des archéologues, des industriels et des propriétaires (Paris). Vol. I (1840). Edited by César Daly. 33.8 × 25.8 cm. Title page, designed by Henri Labrouste.

83

The Architectural Sketch Book (Boston). Vol. II, n° 5 (1874). Sous la direction du Portfolio Club. 35,7 × 28,8 cm. Couverture.

The Architectural Sketch Book (Boston). Vol. II, no. 5 (1874). Edited by the Portfolio Club. 35.7 × 28.8 cm. Cover.

84

Notiz-Blatt des Architecten- und Ingenieur- Vereins für das Königreich Hannover (Hanovre). Vol. I (1851). 33, 7 × 24,1 cm. Frontispice, lithographie de Julius Gière.

Notiz-Blatt des Architecten- und Ingenieur- Vereins für das Königreich Hannover (Hanover). Vol. I (1851). 33. 7 × 24.1 cm. Frontispiece, lithograph by Julius Gière.

85

Giornale del ingegnere-architetto ed agronomo (Milan). Vol. III (1855–1856). 23,2 × 16,6 cm. Couverture.

Giornale del ingegnere-architetto ed agronomo (Milan). Vol. III (1855–1856). 23.2 × 16.6 cm. Cover.

86

Engineering: An Illustrated Weekly Journal (Londres). Vol. V (15 mai 1868). Sous la direction de Zerah Colburn. *Conservatory at Pyrgo Park*, gravure sur bois, 24,1 × 31,8 cm, et *The Dom Pedro II. Railway Brazil*, gravure sur bois, 31,8 × 24,1 cm.

Engineering: An Illustrated Weekly Journal (London). Vol. V (15 May 1868). Edited by Zerah Colburn. *Conservatory at Pyrgo Park*, wood engraving, 24.1 × 31.8 cm, and *The Dom Pedro II. Railway Brazil*, wood engraving, 31.8 × 24.1 cm.

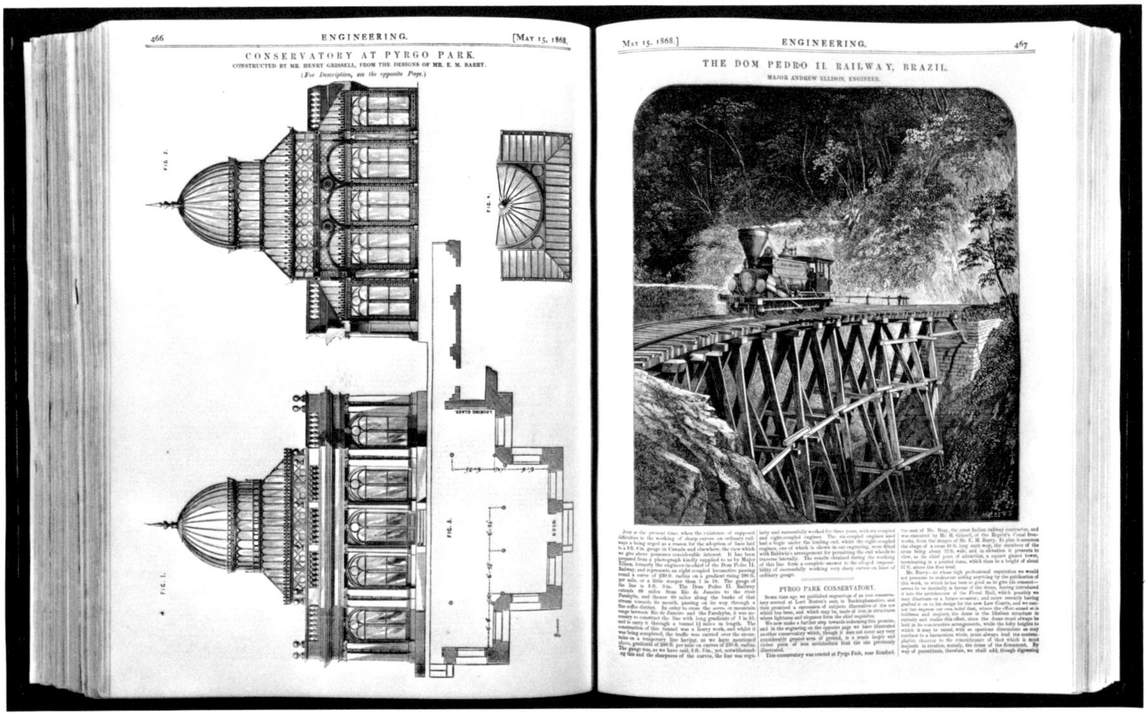

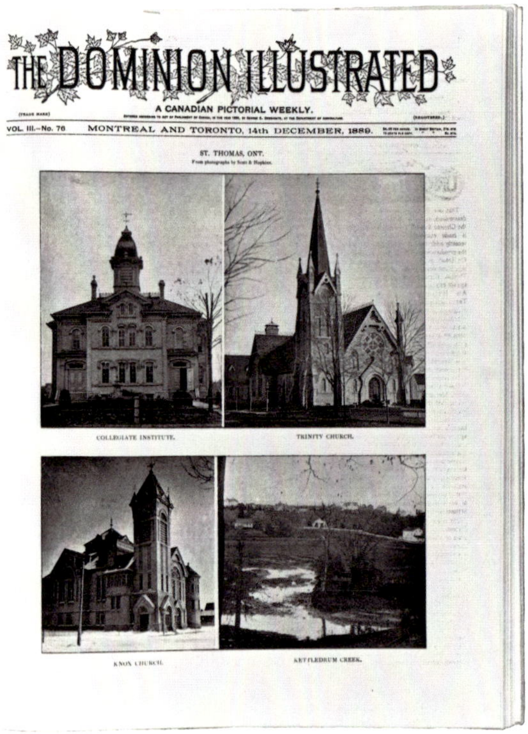

87

The Dominion Illustrated: A Canadian Pictorial Weekly (Montréal et Toronto). Vol. III, nº 78 (1889). 35,5 × 26,5 cm. *The Peter Redpath Museum and the Presbyterian College, as seen from the entrance to McGill College grounds, Montréal*. Similigravure d'après une photographie d'Alexander Henderson.

The Dominion Illustrated: A Canadian Pictorial Weekly (Montréal and Toronto). Vol. III, no. 78 (1889). 35.5 × 26.5 cm. *The Peter Redpath Museum and the Presbyterian College, as seen from the entrance to McGill College grounds, Montréal*. Halftones from a photograph by Alexander Henderson.

88

The Illustrated Carpenter and Builder: A Weekly Journal for Joiners, Decorators, Painters, Plumbers, Gas-fitters, Architects, &c. (Londres). Vol. VIII, nº 189 (1881). 32,2 × 22,1 cm. Page de titre.

The Illustrated Carpenter and Builder: A Weekly Journal for Joiners, Decorators, Painters, Plumbers, Gas-fitters, Architects, &c. (London). Vol. VIII, no. 189 (1881). 32.2 × 22.1 cm. Title page.

89

Scientific American: Building Edition (New York). Vol. XXIX, nº 1 (1900). 41 × 28,5 cm. Couverture.

Scientific American: Building Edition (New York). Vol. XXIX, no. 1 (1900). 41 × 28.5 cm. Cover.

90

Innen-Dekoration (Darmstadt). Vol. XV (1904). Sous la direction d'Alexander Koch. 31,2 × 23,7 cm. Page de titre.

Innen-Dekoration (Darmstadt). Vol. XV (1904). Edited by Alexander Koch. 31.2 × 23.7 cm. Title page.

91

Het Huis oud & nieuw: maandelyksch prentenboek gewyd aan huis inrichting bouw en sierkunst (Amsterdam). Vol. III (1905). 28,1 × 21,3 cm. Couverture.

Het Huis oud & nieuw: maandelyksch prentenboek gewyd aan huis inrichting bouw en sierkunst (Amsterdam). Vol. III (1905). 28.1 × 21.3 cm. Cover.

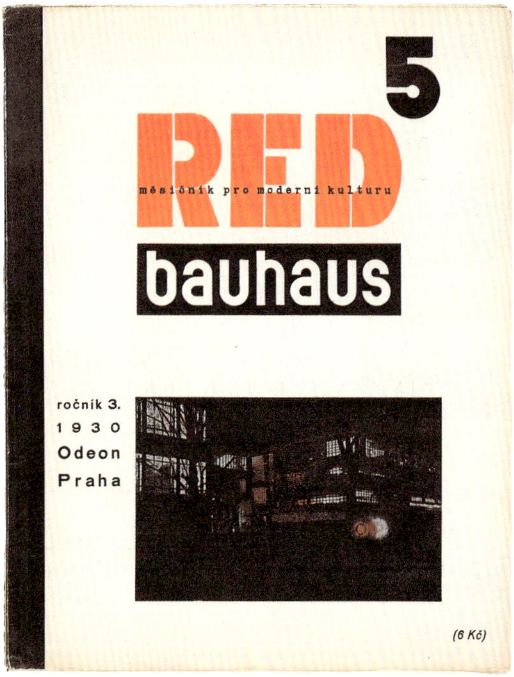

92

La Cité : Architecture, urbanisme (Bruxelles). Vol. 4 (1923–1924). Avec la collaboration de Theo van Doesburg, J. J. P. Oud et Frank C. Brown. 27 × 21 cm. Couverture, dessin par Roland van Hoecke.

La Cité: Architecture, urbanisme (Brussels). Vol. 4 (1923–1924). With contributions by Theo van Doesburg, J. J. P. Oud and Frank C. Brown. 27 × 21 cm. Cover, designed by Roland van Hoecke.

93

Wendingen: maandblad voor bouwen sieren (Amsterdam). Vol. IV, n° 11 (1921). Coordonné par H. Th. Wijdeveld. 39,2 × 33,2 cm. Couverture, dessin par El Lissitzky (lithographie).

Wendingen: maandblad voor bouwen sieren (Amsterdam). Vol. IV, no. 11 (1921). edited and designed by H. Th. Wijdeveld. 39.2 × 33.2 cm. Cover, designed by El Lissitzky (lithograph).

94

Red: měsíčnik pro moderni kulturu (Prague). Vol. III, n° 5 (1930), consacré au Bauhaus. Sous la direction de Hannes Meyer. 23,4 × 18,1 cm. Page de titre.

Red: měsíčnik pro moderni kulturu (Prague). Vol. III, no. 5 (1930), devoted to the Bauhaus. Edited by Hannes Meyer. 23.4 × 18.1 cm. Cover.

95

Prospectus pour le périodique SA (Moscou), 1927. Sous la direction de A. A. Wessnin, G. G. Wegmann, W. N. Vladimiroff, M. I. Ginsburg, *et al.* 26 × 18 cm. Couverture, dessin par Aleksei Gan.

Prospectus for the periodical SA (Moscow), 1927. Edited by A. A. Wessnin, G. G. Wegmann, W. N. Vladimiroff, M. I. Ginsburg, and others. 26 × 18 cm. Cover desigend by Aleksei Gan.

96

G: Zeitschrift für elementare Gestaltung (Berlin). N° 4, 1926. Sous la direction de Hans Richter. 24,8 × 17,6 cm. Couverture, dessin par Malevitch.

G: Zeitschrift für elementare Gestaltung (Berlin). No. 4, 1926. Edited by Hans Richter. 24.8 × 17.6 cm. Cover, designed by Malevitch.

97

Novyi lef (Moscou). N° 1, 1927. Sous la direction de Vladimir Vladimirovich Maiakovskiĭ. 22,7 × 15,4 cm. Couverture, dessin par Aleksandr Mikhaĭlovich Rodchenko.

Novyi lef (Moscow). No. 1, 1927. Edited by Vladimir Vladimirovich Maiakovskiĭ. 22.7 × 15.4 cm. Cover, designed by Aleksandr Mikhaĭlovich Rodchenko.

98

Stile futurista: estetica della machica; rivista mensile d'arte-vita (Turin). N° 2, 1934. Sous la direction de F. T. Marinetti. 30,2 × 24 cm. Couverture.

Stile futurista: estetica della machica; rivista mensile d'arte-vita (Turin). No. 2, 1934. Edited by F. T. Marinetti. 30.2 × 24 cm. Cover.

99

Praesens (Varsovie). N° 2, 1930. Sous la direction de Szymon Syrkus et Andrzej Pronaszko. 30,8 × 23,1 cm. Couverture.

Praesens (Warsaw). No. 2, 1930. Edited by Szymon Syrkus and Andrzej Pronaszko. 30.8 × 23.1 cm. Cover.

100

Sant'Elia (Rome). Vol. 2, n° 4 (1934). Sous la direction de Angiolo Mazzoni et Mino Somenzi. 64,2 × 44,5 cm. Page de titre.

Sant'Elia (Rome). Vol. 2, no. 4 (1934). Edited by Angiolo Mazzoni and Mino Somenzi. 64.2 × 44.5 cm. Title page.

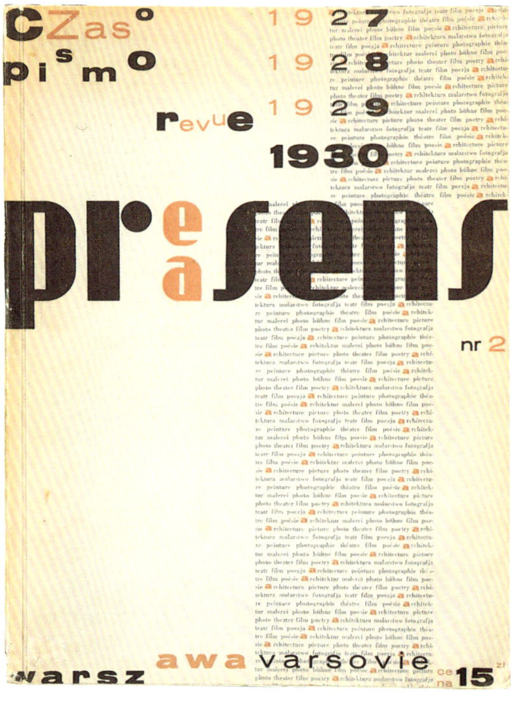

Foreword

Buildings are both structures and icons. They express the economic, political, social, religious, technical and aesthetic aspects of individual communities. Like the written word, they are symbols. The ability to read these symbols critically enables us to understand, enjoy and cherish the built environment, to guide the future of our countryside, our villages, towns, cities and neighbourhoods. The Centre Canadien d'Architecture/Canadian Centre for Architecture was founded in Montreal in 1979, to encourage and develop this literacy through research, exhibitions and publications based on its collections and to help establish architecture as a public concern.

Within this general aim, the CCA was formed to direct the concerns of the present and the future through knowledge of other times and cultures, to further scholarship, to encourage informed and universal participation in decisions about the future of the city and its buildings, and to increase interchange between the historian's theoretical interest and the architect's practical design considerations. It was formed to unite materials from areas, including architecture, and urban and landscape design, that intervene in the built environment.

The CCA is now one of three major architectural libraries in the world. It has been officially recognized as a museum by the Canadian Museums Association and has received government recognition, with tax and export-import ramifications, as a Class "A" institution. It has also worked with other institutions nationally and internationally to initiate cooperative efforts. Hundreds of architects and scholars have consulted items in the collection and participated in symposia or seminars organized by the CCA. Thousands of people in North America and Europe have attended exhibitions organized by the CCA and have encountered items from CCA collections in books, catalogues and exhibitions produced by others. This report on the first five years of the CCA is an account of the building of an institution. The achievements have been extraordinary. I wish to express my gratitude for the enthusiasm and hard work of many highly talented people: the CCA staff, the Board of Directors, and the Advisory Committee and Council. Their interest, dedication and wise counsel have made the CCA a reality.

I would like to thank Richard Pare, curator of photographs, for preparing the section on photographs, and Dr. Raymonde Gauthier, consultant to archives, the section on archives. Dr. Pierre du Prey read over the complete manuscript and made many helpful suggestions.

Phyllis Lambert
Director
December 1985

The First Five Years

A Museum and Study Centre

The activities of the CCA encompass four interrelated areas. The first and most traditional activity has been to collect, preserve and interpret rare and current material: architectural drawings, prints, photographs, books and other architectural records. The CCA's second activity, as part of its programs for scholars and the general public, is to initiate and circulate exhibitions and related publications. Its third activity has been to act as an archival and documentation centre, a function that involves the collection and organization of architectural archives and other unpublished documentation. The fourth is to develop and implement a study program for visiting scholars. These scholars could range from distinguished senior historians to promising students; architects would be an integral part of the program, and their interrelationship with historians could be fostered. Although the Study Program relates to the strengths and needs of the CCA collection, it is also intended to engage its constituency in the sense of instituting a mechanism for interchange between the academic and architectural communities.

These activities fall into familiar categories of collecting and program. But the CCA combines two kinds of collecting which historically have been handled by separate institutions: that of architectural drawings, books, prints and photographs, and that of unpublished papers of architects including but not limited to the relatively new area of contemporary architectural records. There are also two levels of program: exhibitions intended for a general audience and research facilities and support intended mainly for specialists.

Formation and Policy

The CCA is virtually a new institutional type. When it was founded in 1979, there was no other institution that functioned both as an architectural study centre and as a museum, notwithstanding collections of architectural drawings, of casts and of building artifacts. Architectural museums were relatively new; in fact, it was only in 1979 that a meeting was held at Helsinki to assess the viability of an International Confederation of Architectural Museums (ICAM). Although there were attempts to form architectural museums in France as early as the end of the eighteenth century and in The Netherlands early in this century, Sir John Soane's Museum, London (established 1833) was the first museum dedicated to architecture. (Without a community within which it could be viewed as an architectural museum, Soane's Museum was seen as an anomaly until the formation of ICAM.) The first nominal, functioning architectural museum was the Museĭ Arkhitektury Shchusev, formed in Moscow in 1945. The second, the Museum of Finnish Architecture, started from photographic archives in 1956. In the next decades some thirty museums or collections or archives were established, throughout Scandinavia, in Poland, Hungary, Yugoslavia, The Netherlands, Belgium, France, and Germany.

In 1979 national architectural archives, in a handful of countries, were repositories whose contents were largely uncatalogued. The Canadian Architectural Archives had been established at the University of Calgary in 1974 as a special collection. Legislation for a National Building Museum, Washington, was passed by the U. S. Congress in 1980. Departments of architecture based on new or existing collections were being established within museums, for example, at the Art Institute of Chicago and the newly formed Musée d'Orsay, Paris.

Among architectural libraries in existence when the CCA was established, Avery Architectural Library at Columbia University was the great North American resource for architectural history since its founding in 1890. In England, the library of the Royal Institute of British Architects (RIBA) was about to change its name to the British Architectural Library to reflect the nature of its nationwide services. (The RIBA also had, in a separate location, a major international and national collection of architectural drawings, which traced its origins back to 1834.) Given its collecting scope and its programmatic objectives, the CCA had therefore to invent a *modus operandi* at its founding.

As a first step it was essential to understand the consequences of different modes of operation. In September 1978 a report was commissioned in order to investigate varying types of affiliation, whether with a university or a museum, whether under government or an independent body of trustees. The report, "On Founding an Architectural Study Centre," by Daniel and Eugenia Robbins, dated January 1979, provided the understanding necessary to structure and to begin to develop the new institution. The option to form an independent institution that would develop affiliations as appropriate was accepted by the CCA Board of Directors at its first meeting in September 1979.

In May 1982, the Board of Directors reaffirmed and adopted a statement of operational goals that required the collection to be viewed as a whole, a coherent body of material to function as a unit. This concept required a single access to the collections, with special storage, preservation and curatorial treatment accorded to each object type in the collection. This policy has affected cataloguing the collection, the interrelationships of staff and ultimately the form of the building that would be designed for the Centre.

Cataloguing

Single access to an integrated collection implies that the same cataloguing standards be applied to all collections, to architectural archives, to prints and drawings, to photographs and to the library. Rigourous international cataloguing rules have traditionally been established by the library community; there are at present no common standards for cataloguing architectural prints and drawings among museums. At the same time the capacity of the computer to provide access to all forms of records has made clear the need for consistent and internationally accepted cataloguing rules.

In 1983 the CCA met with other institutions with

similar requirements to discuss collaborative efforts in determining cataloguing standards. The participants were the American Institute of Architects Foundation (AIA), Washington; Avery Architectural and Fine Arts Library, Columbia University, New York; The Library of Congress (LC), Washington; The Royal Institute of British Architects (RIBA), London; The Cooper-Hewitt Museum, The Smithsonian Institution's National Museum of Design, New York; and The Center for Advanced Studies in the Visual Arts (CASVA), The National Gallery of Art, Washington, which hosted the meeting and subsequently obtained support from the J. Paul Getty Trust.

One outcome of this meeting was the formation of the Architectural Drawings Advisory Group (ADAG), which has since been joined by other North American and European institutions concerned with architectural records. The goal of ADAG is to develop international cataloguing standards for these records, applicable to both computer and manual systems. ADAG is also developing a computer system, with a data base that includes associated images, to be compatible with object cataloguing formats for painting, sculpture, broad categories of drawings and prints, decorative arts, film and photographs and so on, so that it may be integrated into an eventual international art historical information system. In 1984, with support from the Public Archives of Canada and the National Gallery of Canada, the CCA initiated a series of seminars concerning cataloguing standards for architectural holdings and archives of photography among Canadian institutions and North American museums.

The CCA library began entering its records on a computerized catalogue network, the Research Libraries Information Network (RLIN), in December 1984. Records for prints and drawings, photographs and archives are being computerized in a format consistent with ADAG standards.

Staff Development

All along the generous collaboration of other institutions has been of invaluable help in staff development. In 1980, through its Department of Conservation, the Musée des Beaux-Arts de Montréal provided guidance in developing policies relating to conservation of prints and drawings. At the end of 1980, Marcel Caya, Head of Archives, McGill University, helped in establishing an archives department at the CCA. He continues to act as consultant to the department. In January 1981 the Ministère des communications et des affaires culturelles du Québec gave a two-year leave of absence to Guy Doré to establish administrative procedures and to develop staffing at the CCA. In 1982 Pierre du Prey, associate professor of art history at Queen's University, Kingston, was granted a two-year leave of absence by his university to establish the Study Program on an experimental basis. At the beginning of 1983, Marcia Stayer, Head, Douglas Library Information Reference Unit, on leave also from Queen's University, came to the CCA to organize the library.

The New Centre

Despite the exigencies of current operations, during its formative years the CCA developed toward the goal of establishing permanent quarters for staff and collections that have occupied temporary quarters in Montréal and New York. Several architects, notably Barton Myers & Associates, Peter Rose, Peter Lanken, and Phyllis Lambert, Architect, developed architectural programs for both temporary and permanent CCA quarters, adjusting designs as the spatial and operating requirements of the CCA emerged. The process of design itself in turn clarified operating goals and procedures.

The final design for a permanent headquarters was begun in January 1984 by Peter Rose, architect, with Phyllis Lambert, consulting architect, and Erol Argun, associate architect. Construction started in May 1985. Designed to accommodate a rich and complex variety of spaces, the new building will occupy an entire block of approximately three acres in the western part of downtown Montréal, a site occupied for years by vacant lots and highway tunnels with a heritage building isolated in the middle. The 20,000 square foot Shaughnessy House, built in 1874 and designated a landmark in 1974, will be restored and used for public reception and administrative offices. It will be connected to the new building, which will provide 120,000 square feet divided equally among four levels: one for the CCA's public programs, one for curatorial offices and conservation studios, while below ground are two levels for collection storage.

The public level occupying the main floor contains the introductory gallery, a bookstore, and a 250 seat auditorium, all adjacent to the entry. At the opposite end of the building are rooms for consulting the collections: the general reading room, the *cabinet* for rare materials and offices for scholars-in-residence. The exhibition galleries are located at the centre of the public floor, on axis with and as a reflection of the Shaughnessy House. Spaces for galleries, consultation and collection storage will comply with the highest standards of environmental control.

Program Development

Public programs began before the CCA was formally incorporated. In 1979 the exhibition "Baroque Architectural Drawings from the Phyllis Lambert Collection," organized by Professor Pierre du Prey of the Department of Art History at Queen's University, Kingston, and catalogued by his students, was shown at the Agnes Etherington Art Centre at Queen's. The exhibition permitted students to work with museum objects, to study attitudes of the architects of the baroque period and to prepare scholarly catalogue entries under close supervision of scholars and museologists. In the same year, the exhibition "Notre Port" addressed the urban and architectural issue of the reuse of obsolete port lands and installations, which was being planned and debated in Montréal and throughout North America. The exhibition, organized and prepared by CCA founder and director Phyllis Lambert for Héritage Montréal and mounted at the McCord Museum of McGill University, was designed to inform public judgments and attitudes concerning the future use of port lands through knowledge of the history of the port and in light of recent international theory and practice.

During 1982–1984, exhibitions, seminars and publications provided a basis for researching and exploring the CCA collections and their relation to questions of public interest. The CCA mounted two major exhibitions, accompanied by public lecture series and colloquia. "Photography and Architecture: 1839–1939," prepared by the department of photography, created a new field of study and knowledge. The CCA's first international exhibition, "Photography and Architecture" opened in Cologne in 1982 as the historical component of a major photography exposition, "Photokina," and subsequently travelled to the Art Institute of Chicago; the Cooper-Hewitt Museum, New York City; Centre Georges Pompidou, Paris; and finally in 1984 to the National Gallery of Canada, Ottawa. The book that accompanied the exhibition, published in English and French language editions, won numerous awards.

The exhibition "Les Villas de Pline et les éléments classiques dans l'architecture à Montréal / The Villas of Pliny and Classical Architecture in Montréal" put into action the CCA policy of bringing about working relationships between historians and architects as well as collaboration with other institutions. Pierre du Prey, as director of the CCA Study Program, was the guest curator of the exhibition, which was presented at the Musée des Beaux-Arts de Montréal in 1983. Historical material on the restitution of Pliny's villa was drawn mainly from the CCA's collections. Contemporary projects for the villa were drawn from the exhibition "Ut Architectura Poesis: La Laurentine et l'invention de la villa romaine," prepared in 1982 by the Institut Français d'Architecture, Paris. Melvin Charney, Professor of Architecture at the Université de Montréal, designed the installations, which included a two-part construction entitled "Pliny on my Mind." The construction reinforced the theme of transformational continuity in architecture from past to present, with reference to building traditions in Montréal. The exhibition was immensely popular, and its engagement was extended.

As Director of the Study Program, Pierre du Prey also initiated special symposia which brought together students and faculty from design and history departments in four Montréal universities (Concordia University, McGill University, Université de Montréal, and Université de Québec à Montréal) as well as from across Canada and other countries. Distinguished scholars participated. Kurt Forster led the seminar on "Schinkel and the Industrialization of Building"; "The Orders" included Joseph Rykwert and Hans-Karl Lücke as well as architects Paul Chiasson, Warren Cox, Julia Gersovitz, Eric Haldenby and Peter Rose.

Among other products of the CCA's first five years were several finding aids to architectural holdings. In 1981 the CCA initiated *Canadian Architectural Records Survey/Recherche documentaire sur l'architecture canadienne* (CARS/RDAC). This union list of architectural records in Canadian public collections was published in 1983. Finding aids to architectural archives at the CCA undertaken during this period include *Guide du Fonds Ludger et Paul M. Lemieux/Inventory of the Archives of Ludger and Paul M. Lemieux* (1983) and *Guide du Fonds Ernest Isbell Barott/Inventory of the Archives of Ernest Isbell Barott*, begun in 1984. CCA pamphlet guides to aspects of the architecture of Montréal were begun in 1982 with "Quartier Maisonneuve" and "Centre-ville," followed by "Trois Architectes/Trois Quartiers" in 1983 and "Huit Villas sur le Mont-Royal/Eight Villas on Mount Royal," published in a special October 1983 issue of *ARQ: Architecture Québec*. The intention of the guides was to develop a suitable scholarly form and portable format with a view to eventually publishing a series on Montréal.

In 1984 the move to the new building began to influence operations. The need to develop summary cataloguing forms became a priority for all collections, as did a full preservation program for items in the collection. The emphasis of the Study Program was shifted to preparing exhibitions for the official opening of the CCA in 1989. A new department of exhibitions and publications began the task of planning programs which link up research on the collections with programs destined for the public.

The Collections

". . . Seeking to plan a temple of Diana in a new kind of style, they changed it to a feminine slenderness with the same measurement by feet. And first they made the diameter of the column the eighth part of it, so that it might appear taller. Under the base they placed a convex moulding as if a shoe; at the capital they put volutes, like graceful curling hair, hanging over right and left. And arranging cymatia and festoons in place of hair, they ornamented the front, and, over all the trunk (i.e. the shaft), they let fluting fall, like the folds of matronly robes. . . ." (From Frank Granger, ed., *Vitruvius, on Architecture*, London, 1931, Book IV, Chapter 1, p. 207.)

". . . Those narrow spaces seen as the space between the top of the brain and the bottom of the inner side of the bone of the skull . . . The outer surface of the face does not hold my attention nor does the inner surface of the mask put over the face . . . what fixes me is the space in between, that is the space in between the outer face and the inner mask." (From John Hejduk, in *Architectures*, No. 1, Winter 1985, p. 4.)

Introduction

The study of buildings is as complex as the buildings themselves. Consulting various forms of documentation side by side is essential to the study and understanding of a building in itself and in its environment. The collection of the CCA consists of different kinds of interrelated materials, each of which pertains to a special aspect of the study, practice and history of architecture. The drawings collection is concerned with architectural theory and practice from the fifteenth through the twentieth centuries. The holdings of the library include works on archaeological and historical subjects from the beginning of human settlement and provide historical continuity. Unique of its kind, the collection of photographs extends the scope of the medium in both visual documentation and image making, from the beginnings of photography in the 1830s to the present, establishing a new field of study in architectural history. The archives, whose scope extends to specifications, correspondence, account books, lecture notes and artifacts, provide comprehensive records of individual architectural practice.

The parts of the collection fit into a comprehensive approach that reflects how architects think and work. For example, architects have always learned by recording existing structures. The many Renaissance treatises in the CCA library textually propound the idea that a building ought to be based on existing models. The drawings in a sixteenth-century sketchbook in the department of prints and drawings show the choices, observations and methods an architect of that time employed in representing, in measuring and in analysing ancient monuments. The unknown architect in question filled thirty-three folios with the details of the orders from ancient buildings in and around Rome and ground plans of several ancient buildings, the majority centralized structures such as tombs and small temples. The drawing of a Tuscan pilaster from this sketchbook is slightly later than the earliest known published discussions of the Tuscan order in the fourth book of Sebastiano Serlio's *Regole generali di architettvra* (Venice, 1537), of which the CCA library has the second edition of 1540.

The six volumes of sketches and measured drawings by Augustus Charles Pugin and his students for *Specimens of the Architecture of Normandy*, executed between 1824 and 1828, were early milestones in the Gothic revival and the discussions of architectural morality that it entailed, carried on in the written works of Pugin's son, Augustus Welby Northmore Pugin, the critic John Ruskin and the ecclesiologists, many of which are held by the CCA library. In the prints and drawings department is an album by the younger Pugin devoted to St. Mary's, Derby, which is composed of six presentation drawings by him for the church as well as sixty-seven proofs of small steel engravings, the majority of which also seem to have been executed by him. In the photography collection are two volumes, *Photographs from Sketches by Augustus Welby N. Pugin* (1865), with five hundred albumen prints by Stephen Ayling, which also reveal the early uses of photography as documentation.

Topographical publications and individual drawings portfolios compiled by artists on their travels are important records found in all CCA collections. They range from city guides and anonymous representations of buildings at a particular time to field notes made by architects, historians and photographers. The CCA's earliest printed guides relate to Rome, where images of the ancient and the holy city were made for travellers and bound in volumes or loose in portfolios, such as the ninety-two folios in the collection of Antoine Lafréry's *Speculum romanae magnificentiae* (Rome, 1544–1570). Other major works on Rome that can be consulted at the CCA include Pietro Martire Felini's *Trattato nvovo delle cose maravigliose dell'alma città di Roma* (Rome, third edition, 1625); Alexandro Donato's *Roma vetvs ac recens* (Rome, third edition, 1665); Famiano Nardini's *Roma antica* (Rome, 1666); Giovanni Lorenzo Barbiellini's *Roma antica* (Rome, 1744); and Ridolfino Venuti's *Accurata, e succinta descrizione topografica delle Antichità di Roma* (Rome, 1763 and 1766).

The works of the earliest photographers which continue this tradition are also found in the collection. One is *Les excursions daguerriennes* (1840), in its day a photographic armchair Grand Tour of monuments in Europe and the Orient and now a record of their state in the middle of the nineteenth century. Robert Macpherson, James Anderson, the Alinari brothers, Adolphe Braun, Francis Frith and Samuel Bourne, whose works are also represented, were all late nineteenth-century photographers whose stock in trade included architectural views and details as well as paintings, sculpture and *objets de vertu*. Today their photographs are art historical reference tools that also document the influence of photographers on architect and client.

Travel notes in the CCA include the six closely written manuscript diaries of Joseph Gwilt, which also contain his own sketches and printed illustrations, and ephemera such as theatre ticket stubs and visiting cards collected on his travels to France, Holland, Belgium and Germany between 1814 and 1843. Among later works are travel sketches by Le Corbusier and the Canadian architect Ernest Cormier's large watercolours, made in Italy and France in the 1920s and 1930s, of buildings and landscapes that provided models for his oeuvre in Canada. His measured drawings of Raphael's Villa Madama are rare records of the state of the building before changes were made just after World War I.

Painstaking search for and careful collection of material of different genres can reunite holdings that have been dispersed since they left the architects' offices. This is particularly true in the case of such early twentieth-century architects as J. J. P. Oud and Mart Stam. The prints and drawings department holds material dating from 1911 to 1956 by Oud. His 1917 proposal for the Ocean Boulevard apartments represented by works in the prints and drawings collection, is also documented in the periodical *De Stijl* (Delft, Leiden, 1917–1932), a complete set of which may be consulted in the CCA library. Photographs of the buildings contemporary with their completion are included in the photographs collection.

Works related to design and construction of bridges provide an example of the way in which a single subject can be studied as a cross section of the CCA's collections. The library's holdings on bridge construction provide a good survey of the evolution of construction techniques during the eighteenth and nineteenth centuries. Among these are the *Traité des ponts* by Hubert Gautier (Paris, 1716) and the *Theatrum Pontificale, oder, Schau-Platz der Brücken und Brücken-Baues* by Jacob Leupold (Leipzig, 1726). The latter borrowed extensively from Gautier and is the first German book devoted exclusively to the subject of long-span wood bridge construction, evidence of the early interest of German-Swiss designers in the field. The library also holds the first major British contribution to the advancement of scientific theories of structural calculations for bridges, Nicholas Hawksmoor's *A Short Historical Account of London Bridge with a Proposition for a new Stone-Bridge at Westminster* (London, 1736).

Later books in the collection document the application of iron technology to bridges beginning in the late eighteenth century. These include the first description of the principles of suspension bridge construction, Claude-Louis-Marie-Henri Navier's *Rapport à Monsieur Becquey et Mémoire sur les ponts suspendus* (Paris, 1823) and *Des ponts en fil de fer* (Geneva, 1824), by the Swiss engineer Marc Séguin, revolutionized construction methods by suggesting the use of steel wire cables rather than chains to support the bridge apron.

Wire cable suspension construction was widely used in nineteenth-century America, one of the most famous examples being the subject of John Roebling's *Report of the Chief Engineer of the New York and Brooklyn Bridge, January 1st, 1877* (Brooklyn, 1877). A different type of construction is described in Edwin Clark's *The Britannia and Conway Tubular Bridges* (London, 1850), which provided the model for the Victoria Tubular Bridge in Montreal, in turn presented in a lavishly produced book by James Hodges, *Construction of the Great Victoria Bridge in Canada* (London, 1860). All three works are in the CCA library.

One of the most spectacular bridge designs in the CCA collections is included in a superb bound album of wash drawings composed by Pierre-Dominique Bazaine. His chain suspension structure for Saint Petersburg, with proposed arched compression piers in the shape of pylons, shows the influence of the monuments seen during the Egyptian campaign of Napoleon, as illustrated in the CCA library copy of Dominique Vivant Denon's *Voyage dans la basse et la haute Egypte, pendant les campagnes du Général Bonaparte* (Paris, 1802).

Bridge construction for railway companies was a favorite subject of nineteenth-century photographers. Major photographic documents on bridges in the collection are two seminal albums of the early 1850s by Edouard-Denis Baldus, *Chemin de Fer du Nord, ligne de Paris à Boulogne* (1855) and *Chemin de Fer de Paris à Lyon et à la Méditeranée* [sic] (1859). For the benefit of Baldus great steam locomotives were caused to halt in the middle of these spans, indicating their scale and strength. Single images by Baldus, Bisson and Le Secq show the bridges of the Seine as they changed from masonry to iron structures and at times back to masonry during the course of the nineteenth century. Examples from the United States include three hundred fifty-two cyanotypes, in two albums by unknown photographers, entitled *Baltimore and Ohio Railroad, Bridges and Buildings, Pittsburgh Division* (1891) and a series of forty-seven large gelatin silver prints from the 1930s by Peter Stackpole published as *Building of the San Francisco–Oakland Bay Bridge*. An untitled volume of about 1920 by an unknown photographer contains views of railroads and other architecture in Thailand.

Nineteenth-century engineering and construction journals form an extensive collection among the CCA library's holdings of periodicals, with information on bridges as well as inventions, construction and industry. Some notable serials are *Zeitschrift des österreichischen Ingenieur-und-Architekten-Vereines* (Vienna, 1849–1973); *La Construction moderne* (Paris, 1885–1939); *L'Année scientifique et industrielle* (Paris, 1856–1903), called "the greatest popular scientific and technical journal" of the nineteenth century; *The Mechanic's Magazine* (London, 1825–1844), with articles on cement, concrete and suspension bridges; *Engineering* (London, 1866–1891) and *Scientific American* (New York, 1877–).

Finally, the CCA's departments are spanned by collections composed of material brought together by an individual during the course of a lifetime. The Edward Craig theatre collection provides such an example. It consists of books and theatre drawings collected by Edward Craig as well as by his father, the eminent stage designer, Edward Gordon Craig. The Edward Craig collection of drawings, prints and books documents both stage design and theatre history in Italy, France, Germany and England from the seventeenth century and includes the first treatise on theatre architecture ever published, the *Trattato sopra la strvttvra de theatri, e scene* by Fabricio Carini Motta (Guastalla, 1676). Within the collection, an album of over seven hundred engravings, lithographs, photographs, posters, manuscripts and newspaper clippings, with Edward Craig's annotations and drawings, reflects his special interest in the architectural aspects of theatres.

The Library

Architects are and always have been collectors, lovers and users of books. The kernel of the CCA library was an architect's working collection, related to such personal interests as the development of cities with special reference to Montréal. The library officially began in 1978 with the acquisition of about 10,000 volumes from the London architecture book dealer Ben Weinreb; and by the end of 1984 it had grown to 50,000 volumes. Among notable large acquisitions have been that, in 1981, of the collection of Ernest R. Graham, Chicago architect and principal of the firm of Graham, Anderson, Probst and White, and, in 1984, that of the theatre history library of Edward Gordon Craig (see the introduction to "Collections.")

Graham's library of 3,357 volumes is a remarkable example of an architect's book collection. He preserved meticulous acquisition records including correspondence with dealers, invoices and accession books. These records and a card catalogue came to the CCA along with his collection of books, photograph albums and drawings. Graham acquired many of the great view books of the seventeenth and eighteenth centuries, showing towns and mansions, and treatises by masters of the classical tradition and books of interior design and ornament.

Graham's library includes a number of volumes with special associations. Graham, Anderson, Probst and White, as the successors to the firm of Burnham and Root, inherited Daniel Burnham's copy of William Kent's *Designs of Inigo Jones* (London, 1770), an instance of a book by one major architect written about another and acquired by a third, and Burnham's copy of *The Architecture of A. Palladio* (London, 1742), signed and dated 1891. Graham acquired Owen Jones's copy of Karl Friedrich Schinkel's *Möbel Entwürfe* (Berlin, 1837) and a copy of Jacques Androuet Du Cerceau the Elder's *Livre d'Architectvre* (Paris, 1611) that had belonged to William Chadfield Mylne, son of Robert Mylne, who is well represented in the CCA department of prints and drawings. The bookplate of the architect John Adam appears in two volumes about the life and work of Sir Christopher Wren: *Parentalia; or, Memoirs of the Family of the Wrens* (London, 1750) and *A Catalogue of the Churches of the City of London* (London, 1726). The collection also includes a copy of Claude Perrault's translation of Vitruvius (Paris, 1684) purchased and signed by the most famous pupil of Wren, Nicholas Hawksmoor, during the time he was employed in his master's Scotland Yard office. This volume is a record of the process by which the young architect learned from the published designs and writings of his predecessors.

Such evidence of how architects learn is found throughout the CCA library collection. An extraordinary example is Sebastiano Serlio's *Tvtte l'opere d'architettvra, et prrospetiva* [sic], Books I–III (Venice, 1600), on geometry, perspective and antiquity, believed to have been annotated by Inigo Jones. It is thought that Jones took this copy of Book III as his guide to the ruins of Italy during his visit in 1614. The copy of Perrault's *Ordonnances des cinq especes de colonnes* (Paris, 1683) bears the signature of André Felibien des Avaux. Several books on gardening and waterworks originally came from the library of the diarist and town planner John Evelyn, a friend of Wren's. The Canadian holdings have been enhanced with the acquisition of the *Traité élémentaire de construction* (Paris, 1823), by Giuseppe Antonio Borgnis, with the signature of the Quebec-born architect Charles Baillargé. Other examples of association copies include Auguste Choisy's copy of Pierre Le Muet's folio *Maniere de bien bastir pour toutes sortes de personnes* (Paris, 1663), the Earl of Burlington's specially bound edition of Scamozzi's *Idea della architettvra universale* (Venice, 1615) and a Frank Lloyd Wright presentation copy of his *House Beautiful* (River Forest, 1896–97) to George Niedecken.

Apart from books by architects that were used in turn by other architects, the library has been assembling successive editions of certain texts key to the history of the profession and the practical and theoretical aspects of building. Vitruvius's *Ten Books on Architecture* is represented by fifty-eight different editions, evidence of the increasing influence of the Roman past from the late fifteenth century onwards. Among these are the first incunabular edition of *De architectvra* (Rome, 1485–1486), as well as Palladio's illustrated version, *I dieci libri dell'architettvra* (Venice, 1556), prepared for the Italian translation by Daniele Barbaro; editions designed by Fra Giocondo (Venice, 1511) and Cesariano (Como, 1521) and later editions. The 1552 edition printed by Jean de Tournes at Lyons bears the signature of the architect and garden designer Lancelot "Capability" Brown. Leone Battista Alberti's *De re aedificatoria* is represented by eight editions, and Palladio's *I quattro libri dell'architettvra* by almost forty.

Clusterings of treatises such as these permit an analysis of the spread of an architect's ideas from country to country and from century to century. Different volumes, each with its own distinctive frontispiece, typography, binding and changing architectural concept and technique of architectural illustration are also significant individually. They reflect developing attitudes to books from our own day back to the publication date five centuries ago of the first modern architectural treatise ever printed, the *editio princeps* of Alberti of 1485.

Such treatises were didactic in intent, meant to instruct the client as well as the architect and builder. The methodology of teaching architecture was of particular concern in France from the time of the establishment of the Academy in the seventeenth century. François-Nicolas Blondel's *Cours d'architecture enseigné dans l'académie royale d'architecture* (Paris, 1675–1683) and J. N. L. Durand's *Précis de leçons d'architecture données à l'école Polytechnique* (Paris, 1802–05), like the twentieth-century treatises of Julien Guadet, can be studied at the CCA alongside drawings and prints that were produced in connection with these courses and at these schools.

The development of military architecture is of

specialized interest as well as a field in itself, related in its development to advances in physics and engineering. The history of military architecture may be traced in the CCA's holdings from Albrecht Dürer's book on fortifications, showing an imaginary town fortified with round bastions (*Etliche underricht zu Befestigung der Stett, Schloss, und Flecken*; Nuremberg, 1527) to Sebastien Le Prestre de Vauban's *De l'attaque et de la défense des places* (The Hague, 1737), and beyond to the effects of the demolition of fortifications on town planning in the nineteenth century.

The twentieth-century collection is particularly rich in books by Le Corbusier, from his *Almanach de l'architecture moderne*, which was published in conjunction with the Exposition Internationale des Arts Décoratifs Modernes in Paris in 1925, to his influential excursus on city planning, *La Ville radieuse* (Paris, 1935). First editions of books by J. J. P. Oud, *Holländische Architektur* (Munich, 1926) and *Nieuwe bouwkunst in Holland en Europa* (Bosch-en-Duin, 1935), support research on the corpus of Oud's drawings in the department of prints and drawings. Works on city planning and housing by twentieth-century architects and their antecedents are well represented.

The library also has major periodical holdings. The CCA subscribes to about three hundred current titles, including journals published by schools of architecture, which have increased in number in North America. Significant series of older periodicals include *Propylaën* (Weimar, 1798–1800), edited by Goethe; *Revue générale de l'architecture et des travaux publics* (Paris, 1888–1890), with material relating to the planning of Paris at the end of the nineteenth century; and *The Architectural Magazine and Journal* (London, 1834–1838), the first journal devoted exclusively to architecture published in England. There are a number of rare periodicals, including *The Builder* (London, 1842–1966), *Volné Smery* (Prague, 1896–1948) and *La construction moderne* (Prague, 1945). Periodicals such as *De Stijl* (Delft, Leiden, 1917–1932), *Bauhaus* (Dessau, 1926–1931) and *SA: Sowremennaia Architektura* (Moscow, 1925–1930) document the major movements of twentieth-century architecture.

Prints and Drawings

Initially the CCA was most active in building a collection of pre-twentieth-century prints and drawings. By the end of 1984, 7,000 drawings and some prints, including a larger representation of twentieth-century material, had been added to the 2,000 sheets of drawings in the collection started by Phyllis Lambert twenty years earlier.

One of the first drawings, acquired in 1966, was the late sixteenth-century *Perspective view of the Belvedere Courtyard, Vatican Palace, Rome*, then attributed to Sallustio Peruzzi, an unknown artist's rendition of Bramante's solution to inventing a coherent scheme for articulating the walls of a great area used for processions and performances that must accommodate an extreme change of level. Also among the early acquisitions is *Proposed facade for the Church of San Petronio, Bologna* (1579), a drawing that Camillo Azzone is thought to have made for Palladio, embellishing Palladio's own design with statues, perhaps in order to convince Pope Gregory XIII that Palladio would be the appropriate architect to place a classical facade on the unfinished front of this Gothic church.

Theory and understanding of architectural intent are advanced by the study of designs for stage sets which were not required to support applied loads or to resist intemperances, and triumphal arches designed for temporary use to celebrate royal entries and other court festivities. Drawings acquired by the founder in the earliest years of collecting included stage or decorative design by Giuseppe Valeriani, Filippo Juvarra and Vincenzo dal Rè, and drawings by the members of the Bibiena family, many of which were purchased at an auction of the Fatio collection in 1959.

An unfulfilled aim of the early days of collecting was to acquire working drawings which architects prepared as instructions for builders. However, full architectural documentation, in the form of complete design and working drawings, became available only as interest in architecture grew and such material was offered for sale. In 1966, a body of work associated with one artist, one hundred ten drawings mainly by Pietro Bracci, was acquired. These beautiful chalk and wash drawings show the work of an eighteenth-century Roman sculptor and architect. They include designs for and drawings of altarpieces, tombs and fountains. The collection also includes work of other architects, which contributes to understanding of working methods of the time.

Groups of drawings related to a single building include two groups of extraordinary early eighteenth-century examples. An album for Ockham Park by Nicholas Hawksmoor (1661–1736), acquired in 1964, records the architect's thought process and the influence upon it of the owner Baron Peter King over the years (1724–30) the two men spent developing plans for the modification of a Jacobean house. Ockham Park was not in the end rebuilt according to Hawksmoor's full intentions, but the attention he lavished on at least four separate schemes varying in scale and elaboration demonstrate the complexity of the architectural problem of modifying an existing building without destroying its character. These handsome examples of Nicholas Hawksmoor's pen and gray wash draftsmanship also form the largest corpus of the architect's graphic oeuvre outside Great Britain.

A second example, seventeen precisely drafted studies by Filippo Juvarra (1676–1736) executed between 1718 and 1721, relates to the Castello di Rivoli near Turin, a palace restored from a ruined state and now in use as a museum. These drawings, acquired in 1978, document the history of the Castello, which is not discussed in the existing literature on Juvarra.

A major group of nineteenth-century drawings, the Rohault de Fleury archive, was acquired in 1972. The activities of this Parisian family of architects for over two-thirds of a century (1800–1872) are recorded by some 1,200 drawings, including signed contract drawings and lithographs and other manuscript material. Hubert Rohault de Fleury attended the school of Julien-David Le Roy from 1800 to 1804 after the closing of the Académie Royale and before the formation of the École des Beaux-Arts. His son Charles attended both the École des Beaux-Arts and the École Polytechnique from 1821 to 1824. Changes in education, building types, modes and style of drawing, architectural language, the means of producing and reproducing working drawings and office practice during most of the nineteenth century may be traced in these drawings. The archive includes urban design and building projects for the expanding city, design development drawings for the Paris Opéra and the Museum of Natural History in Paris, competition drawings, complete design and working drawings for urban mansions, specifications, cost estimates, correspondence, and commentaries, all carefully bound in fifteen folio volumes—a range of material comparable to that found in twentieth-century architectural archives.

There were also exclusions. From the beginning, *vedute* have not been sought for the drawing collection. Whereas topographical drawings and careful depictions of buildings provide essential evidence for the study of architecture, this evidence is to a considerable extent documented in prints and in photographs. The essential and exciting quality of architectural drawings is their capacity to illuminate how the architect thinks, the process of creation and the development of concept.

After the CCA's department of prints and drawings was established in 1982, significant additions were made to the Renaissance holdings with the acquisition of a sixteenth-century sketchbook described in the introduction to "Collections." Another sketchbook, attributed to the workshop of Pietro Berrettini da Cortona, with studies of window frames, entablatures and other elements of architectural decoration, was added to the seventeenth-century holdings as well as a collection of three hundred forty-five drawings, many German. This group includes full-scale templates for decorative work, drawings of and for houses and churches in Germany and drawings from the Netherlands, France and Italy, two of the last group attributed to Pietro da Cortona.

A corpus of drawings by Luca Danesi (1598–1672) reflects the architectural interests of a lawyer, mathematician and engineer of Ravenna. Danesi was appointed engineer of the city in 1652, and in 1656 he became mathematician to the Pope. Many of his one hundred forty drawings in the collection are sketches of fortifications and towers. Others document his numerous trips to Italy, where he made sketches of altars, windows and doorways.

Fourteen rare engravings for the Eglise du Dôme des Invalides, made after drawings by Jules Hardouin-Mansart, are a seventeenth-century equivalent to the blueprints produced today. These working prints, dated about 1687, are based on Mansart's measured drawings, made in connection with his final project for the church. They comprise two elevations, five sections and seven plans, some so large that they had to be printed on more than one sheet.

Many major eighteenth-century works were added to the collection from 1982 to 1984, including designs by Sir William Chambers, Charles de Wailly and Carlo Marchionni and a group of drawings for houses by Robert Mylne. A densely annotated sketchbook of 1775 by Liénard La Planche is concerned with the construction of domes, particularly in relation to the continuing controversy surrounding the structural defects of Jacques Germain Soufflot's dome for the church of Sainte-Geneviève in Paris.

Prints after designs by François de Cuvilliés of decorative elements for the gardens of the Nymphenburg Palace in Munich, and drawings by J. L. Legeay add to the repertory of design components explored by architects and designers as compositional devices in gardens and imaginary cities: porticos, balustrades, terraces, imposing obelisks, vases. Vases in particular acted as visual signposts to guide the visitor from pathway to pathway, as in the gardens of Versailles. The vision of a classical cityscape reached its height, perhaps, in the architectural fantasies of Louis-Jean Desprez (1740–1804) and Joseph Michael Gandy (1771–1843). Their works, which may be studied in the collection, show how the architect could transform a wild landscape into a progression of ordered city spaces. This visionary world of the sublime has influenced much of the texture of the built environment.

The collection's nineteenth-century scope has been broadened to include competition drawings, for example, those of Sir Jeffrey Wyatville (1766–1840) for the United University Club, London (1822). Other albums of drawings include one hundred sixty-one sheets of designs by Lewis William Wyatt for Cuerden Hall, Lancashire (1819). Twenty-six drawings for Dunrobin Castle, Scotland (1844–1848), by the office of Sir Charles Barry, are bound in a presentation album, as are thirty-four design sketches and drawings of 1859–95 for Kinmel Park, Wales, from the office of Nesfield and Shaw. Twelve drawings by Sir John Soane represent the only sizeable body of material by this eminent architect outside England. A nineteenth-century album for the Conseil des Bâtiments civils (1823–1829) includes some seventy drawings which show the changes and improvements made to existing buildings in French provincial towns. Representative examples of nineteenth- and twentieth-century material from the École des Beaux-Arts in Paris as well as that in Marseilles were added to the collection in 1982.

Early twentieth-century work in the collection includes sixty designs by Mart Stam for the Hellerhoff housing estate in 1932. A group of forty drawings by the Amsterdam school as well as drawings by H. P. Berlage and Theo van Doesburg and a corpus of two hundred drawings made by J. J. P. Oud from 1911 to 1956 add significant representation of the major contribution of the Netherlands to architectural thought in the first half of the twentieth century.

Notable additions made to the Frank Lloyd Wright holdings are the rendering by Marion Mahoney for his Thaxter Shaw House, Montréal (1915); his large drawing for Taliesen, Wisconsin (1937) and his design for a rug for the F. C. Bogk House (1939). Later twentieth-century work includes, in addition to sketches by Le Corbusier for Firminy Chapel (1973–78) and for vacation houses at Cap Martin (1955), Mies van der Rohe's proposals for the Walter Dexel House in Jena of 1925 and a conceptual model and drawings for the Congress Hall, Venice, proposed by Louis I. Kahn in 1968. Architects working in the 1970s are represented by groups of propositional drawings and drawings for projects by Robert Venturi, Michael Graves, John Hejduk and Lars Lerup, and others in practice in the United States; Leon Krier in England; Gaetano Pesce in Italy and Peter Rose, George Baird, and Melvin Charney in Canada.

Archives

An architectural archive comprises the written and graphic records related to the practice of an individual architect or firm: drawings, sketches, presentation drawings, photographs, models and other objects that contribute to the understanding of professional practices, projects and personalities. Annotated books and personal papers such as correspondence help to establish specific influences and to follow the evolution of creative thought. The grouping of these elements in an archive constitutes an entity that provides insight into the life of an architect's office as well as into the history of an architectural project within a community.

The impetus for the establishment of the CCA archives department, two years after the CCA began, was the acquisition of the archive of Ernest Cormier, perhaps the most notable Canadian practitioner of the first half of this century. It was acquired from the architect's widow, Clorinthe Perron-Cormier, in sections, the larger in 1981, but with additions over the following two years. The documents of the Cormier archive cover his professional activities from 1892 until 1979, with materials relating to eighty projects. Trained in Montréal as an engineer, then at the École des Beaux-Arts in Paris, Cormier returned to his native city in 1918 and began a distinguished career as teacher and architect.

Information contained in more than twenty-nine thousand Cormier graphic documents and fourteen thousand photographs amplifies the information held in ninety-three linear meters of textual documents that include account books, journals, and office registers. The archive also contains volumes (some bound by Cormier himself) from the architect's personal library, models, drafting tools and examples of the architect's furniture, as well as medals and other personal memorabilia. Among Cormier's most important buildings represented in the archive are the churches of Sainte-Marguerite-Marie (1923) and Saint-Ambroise (1928) in Montréal, the principal building of the Université de Montréal (1928–1932 and 1941–1944), the building of the Supreme Court of Canada in Ottawa (1938–1950), and the Grand Séminaire de Québec (1941–1960).

The archive of Ludger and Paul-M. Lemieux, donated by Robert Lemieux in 1982, documents the practice of a Quebec family of architects between 1897 and 1966. The major part of the archive consists of almost five thousand visual documents, mostly drawings on linen, three hundred twenty photographs and five linear meters of textual materials. The Lemieux office was started by Ludger Lemieux, a graduate of McGill University, who, together with Joseph-Honoré MacDuff, formed a firm in 1897. Paul-Marie Lemieux joined his father's firm in 1931.

Among the five hundred Lemieux projects to which the CCA archive relates are many churches by Ludger Lemieux: Saint-Paul de Grand-Mère (1910), Saint-Pierre de Shawinigan (1929), Saint-Zotique (1910–1911), Saint-Irénée (1912), Saint-Vincent-de-Paul (1930) and Saint-Vincent-Ferrier (1930), all in Montréal. From 1922, Paul-M. Lemieux worked with his father on major projects represented in the CCA archives, such as the Atwater Market in Montréal (1932–33), and later was independently responsible for many schools and commercial buildings. The Musée Historique Canadien, also called the Montréal Wax Museum (1949), is perhaps his major independent work. To aid researchers, the CCA has published the *Guide du Fonds Ludger et Paul-M. Lemieux / Inventory of the Archive of Ludger and Paul-M. Lemieux* (March 1983) with the support of funds from the Public Archives of Canada.

The archive of Ernest Isbell Barott came to the CCA in 1982, donated by Stahl & Nicolaidis, present successors of the Barott firm, which began as Barott, Blackader & Webster in 1912. Barott first came to Montréal from his native New York State, where he worked for the prominent New York City firm of McKim, Mead and White. He went to Montréal in 1911. The archive includes seventy-five hundred drawings and prints, one thousand two hundred and three photographs, and four linear meters of textual material that relate to three hundred sixty-two architectural projects executed between 1912 and 1963, ranging from large commercial buildings across Canada to a distinguished body of residential work in Montréal.

The archive contains material relevant to the Canadian Pacific Railway terminals in Vancouver (1912) and Winnipeg (1913), the Canada Cement Company, Montréal (1922), Hudson's Bay Company Store, Winnipeg (1925), Bell Telephone of Canada Head Office Building, Montréal (1928), the Aldred Building, Montréal (1929), the Toll Building, Bell Telephone of Canada, Montréal (1930) and the Montréal Life Insurance Head Office Building, Montréal (1956–7). Several of the projects are fully documented by correspondence, specifications, tenders and contracts as well as working and presentation drawings. The CCA has also published a finding aid for this archive: the *Guide du Fonds Ernest Isbell Barott/Inventory of the Archive of Ernest Isbell Barott* (June 1985).

During 1983, archival materials relating to five hundred projects designed by Roland Dumais between 1937 and 1975 were donated to the CCA by the architect's widow, Madeleine Dumais. Dumais graduated from the École des Beaux-Arts de Montréal in 1935 and continued his practice in the city. He was responsible for the building of the École des Hautes Études Commerciales (1967) on the campus of the Université de Montréal. Thirty-three projects by A. Dennis Thacker were received from the architect's daughter, Naomi Morehouse, also in 1983. These two archives document the range of architectural practice in Montréal in the 1940s and 1950s.

In 1984, Pierre Dionne donated an archive of more than four hundred projects that he designed between 1950 and 1976. The Dionne archive provides material on the practice of an architect whose buildings were designed for small Canadian towns but show the influence of international thought.

To these archival records of architectural practice, the CCA has added two archives of a different sort. About five hundred fifty drawings relating to some one hundred five proposals that were entered in the 1984 competition for the Musée d'art contemporain de Montréal form an important body of material on a particular building type. The CCA archives are also the repository for the documentation amassed by the GRBPGM, the Groupe de Recherche sur les Bâtiments en Pierre Grise de Montréal. Gathered since 1975, this archive consists of research notes, unpublished papers, original and printed maps, photographs, reference books, and studies. It constitutes the basis for a research centre for the history, architecture, urban planning and growth of Montréal.

The CCA also maintains a complete, ongoing archive related to the various stages of its own new headquarters. The building itself reflects the attitudes of the 1980s, particularly towards the preservation and reintegration of historic structures into the urban fabric.

Photographs

The CCA's photographs collection is unique. It is the only collection of its kind that pays attention both to the simple fact of architectural documentation and to the aesthetics of architectural photography. By emphasizing photographic quality in an architectural collection it has established architectural representation as a major area in the history of photography.

The collection covers the whole history of photography, from the announcements of the processes of Daguerre and Talbot in 1839 to the present. From the outset the mandate of the collection has been to seek out the finest examples by major figures who have considered architecture as a subject.

The aim has been to establish a collection which stresses excellence and at the same time accommodates within its range more modest productions. The intention is to provide the scholar of architectural history with definitive examples in photography of the subject under research, and to provide historians of photography with an ordered collection which portrays in detail the history of the medium as it relates to a wide geographical and historical range of architectural subject matter.

The following is intended as a synopsis. Not comprehensive but suggestive, it is a short guide to the range and richness of the collection.

Daguerreotypes

Architectural daguerreotypes are the rarest of photographic images because of the laborious technical manipulation required to make each unique plate. The qualities of a daguerreotype are its remarkable clarity and sharpness. Each silver-coated copper plate is a mirror held up to nature and has an intimacy and directness which is found in few other images. In recent years the CCA has been successful in acquiring a number of fine plates which have elevated the level of the collection significantly. Two plates attributed to Victor Chevalier are the only known photographic representations of the Hôtel d'Uzès by Claude-Nicolas Ledoux.

France

Breton Frères, *Church of St. Sulpice, Paris, from the east*, ca. 1839, half-plate daguerreotype

Victor Chevalier (attributed to), 2 whole-plate daguerreotypes of the facade of the Hôtel d'Uzès, Paris, ca. 1848

Baron Jean-Baptiste Gros, "Vue des Propylées prise de l'intérieur de l'Acropole," 1852, whole-plate daguerreotype

England

British architectural daguerreotypes are scarce. The collection holds nine:

Richard Beard, *West front, Wells Cathedral*, 1840s, ⅙-plate daguerreotype

Also, eight stereo daguerreotypes of the Crystal Palace at Sydenham, including:

Negretti & Zambra, *Queen Victoria and Prince Albert, Napoleon III and the Empress Eugenia on the dais at the Crystal Palace on the occasion of their visit, April 20, 1855*

United States

Architectural daguerreotypes in America are more modest in scope. Having fewer monumental subjects to draw upon, the photographer concentrated on local subjects, such as sawmills, churches, domestic architecture, and town views. The collection has a group of anonymous plates and one by Samuel Bemis:

Mill with river and falls, unidentified New England (?) town, 1850s, 1/6-plate daguerreotype

Samuel Bemis, *Burial ground, King's Chapel*, Boston, 1840–1841, whole-plate daguerreotype

George Barnard (attributed to), *Oswego, New York*, 1848–1854, 1/6-plate daguerreotype

The Calotype in Britain and France

In 1839, almost simultaneously with the announcement of the daguerreotype, William Henry Fox Talbot announced the technique which was essentially the process from which all modern photography is descended. This produced a negative image from which it was possible to produce more than one positive print. The possibility of duplication moved architectural photography from the realms of an amateur pursuit towards professional enterprise.

The collection houses an extensive range of British photography by Talbot's contemporaries and the generation immediately following. Among the early masters represented are many of the luminaries.

What characterizes the architectural photographs of this period is a sense of exploration and discovery. Photographers drew on every source to hand, including work of topographical painters and printmakers, and adjusted an older vocabulary to the new medium.

Shortly after the announcement of Talbot's process it was taken up and improved rapidly by French practitioners. Among the most notable of this period is Gustave Le Gray, who invented a waxing process for negatives which gave increased facility in use and greater resolution of detail in the finished print. Le Gray's colleagues were Edouard Baldus, whose earliest known work, of 1849, is in the CCA, and Henri Le Secq, whose studies of cathedrals form one of the most perceptive elucidations of the idea of the detail.

England

Alfred Capel-Cure, *Views of England, Scotland, Wales, and France*, ca. 1855, album of 232 albumen silver and salted paper prints from paper negatives

Robert Henry Cheney, "Reading Room/British Museum/in course of Erection," ca. 1850, albumen silver print from paper negative

David Octavius Hill and Robert Adamson, 17 calotypes of architectural subjects in Scotland, early 1840s, including two large calotypes (each approximately 30.0 × 38.0 cm):

Town Hall, Linlithgow, with Fountain, 1845

John Knox's house, High Street, Edinburgh, 1840s

Calvert Jones, *Naples Harbour*, ca. 1846, calotype

William Henry Fox Talbot, 10 calotypes and 6 photoglyphic engravings, including *View of Lacock Abbey with Calvert Jones in entranceway*, 1844–46

Benjamin Brecknell Turner, 9 albumen silver prints from waxed-paper negatives, most of abbeys and cathedrals in Great Britain, mid-1850s

France

Edouard Baldus, *Chapel of Sainte-Croix, Montmajour*, 1849, salted paper print; earliest known work by Baldus

Hippolyte Bayard, *Bibliothèque du Louvre*, 1849, salted paper print

Gustave Le Gray, *Entry of Napoleon III into the Tuileries after his coronation*, 1852, salted paper print

Henri Le Secq, "Portail méridional de l'église de [*sic*] Notre-Dame," early 1850s, salted paper print

Henri Le Secq, *Jamb figures, Portal of St. Firmin, Amiens Cathedral*, 1852, salted paper print

Charles Marville, over 50 salted paper and albumen silver prints, including an extensive series of views of the Bois-de-Boulogne, documenting both the pavilions and the landscape of the park itself at its completion

Charles Marville, "Fontaine du jardin du Luxembourg (Grotte de Marie de Médicis)," Plate 36 from *Mélanges photographiques*, a volume containing 63 plates, published by Blanquart-Évrard, 1851

Charles Nègre, *West facade, Saint-Trophîme, Arles*, 1852, salted paper print

The Collodion Era

The last major development in the early evolution of photographic technique was the introduction in England of the collodion process by Frederick Scott Archer in 1851. The period represents a zenith in the history of architectural photography. The great exponents of the process, including Le Gray, Bisson

Frères, Macpherson, the Alinari brothers, and others, are well represented in the collection. Many of the images they produced found their way into architects' collections and exerted great influence on the thinking of architects in this period.

Fratelli Alinari, *Photographs of Florence, Pisa, Lucca, and Siena*, mid-1850s, a presentation album with velvet cover and elaborate silver ornamentation and coat of arms containing 80 albumen silver prints

Frederick Scott Archer, *Study of a church*, ca. 1855, albumen silver print

George Barnard, 13 albumen silver prints from *Photographic Views of Sherman's Campaign* (New York: George N. Barnard, 1866)

Bisson Frères, *Spire of Notre-Dame, Paris, under construction*, early 1850s, albumen silver print

Matthew Brady/E. and H. T. Anthony glass plate negative collection, 784 wet and dry collodion glass plate negatives and positives in various sizes of architectural subjects in the United States, 1850s to 1890s

Charles Clifford, *Recuerdos Fotograficos del Viaje de SS. MM. Y AA. las Islas Baleares, Cataluna y Aragon. 1860*, 56 albumen silver prints

Robert Macpherson, *Arch of Septimus Severus, from the Tabularium*, 1863, albumen silver print

Robert Macpherson, *The Pantheon, Rome*, 1860s, albumen silver print

Lewis Emory Walker, 5 salted paper prints of the excavation for the Treasury Building in Washington, D.C. (construction dates from 1858 to 1867)

Lewis Emory Walker, 24 albumen silver prints documenting the construction of the Treasury Building

Albums and Illustrated Books

Albums and illustrated books evolved almost immediately after the announcement of Talbot's process. The first photographically illustrated book to deal with the idea of photography is *The Pencil of Nature* (not in collection) by Talbot. His second collection, *Sun Pictures in Scotland*, forms the prototype of the album and deals with architectural subject matter in a thoughtful and varied manner. It is worthy of note that the album is also the record of a journey, in this case to Scotland. Another pioneering calotype album is that of George Bridges. His album of Athens and the Acropolis constitutes the first surviving photographic document of the city. Prepared by a classicist, it sets the scholarly tradition which was continued by many, including Auguste Salzmann and Richard Banner Oakley.

Travel Albums and Albums of Exploration

Abdullah Frères, *Vues et Types de Constantinople, Photographies d'après nature par Abdullah Frères*, album of 49 albumen silver prints dated 1865–1870

Felice Beato, *Views of Japan*, c. 1870, untitled album of 93 albumen silver prints

Félix Bonfils, *Souvenirs d'Orient: Album Pittoresque des Sites, Villes & Ruines les plus remarquables de la Terre-Sainte*, published 1878, an album of 50 albumen silver prints with letterpress text

George Bridges, *Talbotypes of the Shores of the Mediterranean, 1846–1852. Selection from Seventeen-Hundred Genuine Photographs (Views-Portraits-Statuary-Antiquities): Taken around the Shores of the Mediterranean between the Years 1846–1852*, 66 salted paper prints, letterpress introduction and list of plates. Series of views of the Acropolis and the ruins around its base; in portfolio format, but never published

Louis de Clercq, *Voyage en Orient* and *Voyage en Espagne* (privately issued, Paris, 1859–1860), 6 volumes of 222 albumen silver prints from waxed-paper negatives

Maxime Du Camp, *Égypte, Nubie, Palestine et Syrie* (Paris: Gide et J. Baudry, 1852), 125 salted paper prints (Blanquart-Évrard process) from waxed-paper negatives; first major book in France to be published with original photographs

Francis Frith, *Egypt, Sinai, and Jerusalem: A Series of Twenty Photographic Views by Francis Frith. With Descriptions by Mrs. Poole, and Reginald Stuart Poole* (London: William Mackenzie, n.d.), 20 mammoth plate albumen silver prints from negatives made in 1857–1858

Auguste Salzmann, 28 plates from the portfolio *Jérusalem, étude et reproduction photographique des monuments de la ville sainte Jérusalem* (Paris: Gide et J. Baudry, 1856)

William Henry Fox Talbot, *Sun Pictures in Scotland*, 1845, album of 23 calotypes

Albums of War, Revolution and Natural Disaster

The expansion of empire was often accompanied by

photographers. The most notable of these was Felice Beato, who attended campaigns from the Crimea to Korea and produced a record of the collapse of the Indian Mutiny at Lucknow which is without parallel. The French were assiduous in documenting the Franco-Prussian war and the Commune; a number of photographers prepared commemorative albums of the destruction wrought during these years of turmoil. Records of natural disaster include Stoddard's album of the San Francisco earthquake and an album of postcards by an anonymous photographer showing Paris during the temporary chaos caused by the inundation of 1910. These albums show the evolution of cities, through events that were the cause of new construction.

Chemin de fer du Nord, ligne de Paris à Boulogne: Vues photographiques, 1855, an album of 50 albumen and salted paper prints
Chemin de fer de Paris à Lyon et à la Méditerranée, 1859, an album of 69 albumen silver prints
Monuments de Paris, album of 42 albumen silver prints of principal architectural monuments of the city, late 1850s

Albums of Construction

The usefulness of photography for recording the progress of construction was unparalleled. Never before had it been possible to delineate in detail the growth and evolution of a structure. One area of endeavour was the recording of engineering projects. An album assembled by an engineer shows the progress of the Garabit Viaduct in detail.

Le Nouvel Opéra de Paris, 1875–1876, 4 albums comprising 114 albumen silver prints by Edouard Durandelle to illustrate the volumes prepared by Charles Garnier
Fried. Krupp Essen, 1860s–1880s, portfolio of albumen silver prints (including panoramas) and collotypes documenting the Krupp foundries, exterior and interior, and finished metal work
Les Travaux publics de la France in 5 volumes, each containing text, chromolithographs and 50 collotype plates: *Routes et Ponts, Chemins de fer, Rivières et Canaux, Ports de mer, Phares et Balises.* Under the direction of M. Léonce Reynaud, Inspecteur général des Ponts et Chaussées (Paris: J. Rothschild, Editeur, 1883)

Felice Beato, *Lucknow*, album of 96 albumen silver prints detailing the destruction of Lucknow, India, in 1857–1858
B. Braquehais, *Siège de Paris, 1870–1871: Album historique des malheurs de Paris*, album of 26 albumen silver prints of the destruction of the city during the Paris Commune
Alexander Henderson, *Snow and Flood after Great Storms of 1869* (Montréal: A. Henderson, 1869), 18 albumen silver prints
Neurdein Frères, *Paris 1910*, ca. 1910, album of 100 gelatin silver postcards showing results of the flood in Paris
August Sander, *Köln nach der Zerstörung, 1945–1946*, two portfolios containing a total of 37 gelatin silver prints of the destruction caused by the Allied bombing. (These are complementary to a portfolio by Sander, *Chronik der Stadt Köln* showing the city before the war.)
James Stoddard, *San Francisco Earthquake*, 1906, album of 51 gelatin silver prints documenting the destruction caused by the earthquake and subsequent fire in San Francisco, California, April 18–21, 1906

Edouard Baldus

The French photographer Edouard Baldus received a number of commissions to document the routes of the new railroads. Some of these albums were made to be presented to investors; another commemorated the journey of Queen Victoria between Paris and Boulogne in 1855. The albums, composed predominantly of large-format views, are distinguished by the intermingling of new and old. Ancient cities and monuments are juxtaposed with new station buildings and the railway. With the coming of the steam age it became possible for the photographer to move rapidly from one end of the country to the other, and Baldus was probably the first to realize the potential of the extended range that this made possible.

Viaducs de Garabit et de la Tardes, 1878–1884, portfolio of 51 albumen silver prints by A. Terpereau and others detailing construction of bridges designed by Gustave Eiffel
Ville d'Hiver, c. 1870, album of 40 albumen silver prints by A. Terpereau
Photographies des ponts, viaducs et machines, 2 volumes by various photographers, including Ter-

pereau, Duclos and Berthaud, of 62 albumen silver prints of stages of construction of bridges and other engineering projects, with a dedication by Gustave Eiffel

Photographers' Catalogues and Published Albums

An enterprise of the 1870s was the furnishing of small photographs to the tourist trade. They were chosen from sample catalogues such as Francis Frith's *Cathedrals* and George Washington Wilson's *Bristol* and then bound to order. They evolved into small published souvenir books of images which were prepared in a multitude of different formats often with elaborate bindings.

Francis Bedford, *Photographic Views of Torquay,* 1860s, 30 albumen silver prints
George Robinson Fardon, *San Francisco Album, Photographs of the Most Beautiful Buildings of San Francisco* (San Francisco: Herr and Bauer, 1856), 32 albumenized salt prints
Francis Frith, *Frith's Photo Pictures: Cathedrals*, ca. 1885, album of 300 albumen silver prints
Underwood and Underwood, 2 albums comprising 207 aerial views of New York City in the 1930s and 1940s
George Washington Wilson, *Bristol: Photographs by G. W. Wilson and Co.*, 1870s, album of 195 albumen silver prints

The 1870s and 1880s

Photography in this period in Europe had become technically simple and relatively lucrative through mass production; this prompted a decline in standards and the withdrawal from the field of many of the greatest figures in early photography. However, certain subjects came to the fore. The documentation of urban decay and renewal took hold during this period. Notable examples are Thomas Annan's description of the slums of Glasgow and the record of threatened structures for the Society for Photographing Relics of Old London by Henry and T. J. Dixon and Alfred and John Bool. These are eloquent in their assessment of their subjects and made a step forward in attitude towards subject matter, away from the monumental and towards more vernacular architectural concerns.

This was the time of the great flowering of American photography. In 1874 Carleton Watkins carried out a commission to record Thurlow Lodge, Milton S. Latham's estate in Menlo Park, California, and produced a pair of albums which in their quality represent a unique record of one of the great mansions of the era.

Thomas Annan, books and albums including *Glasgow Improvement Act, 1866: Photographs of Streets, Closes, Etc., Taken 1868–71*, portfolio of 31 albumen silver prints, and *Memorials of the Old College of Glasgow,* 1871, book containing 41 carbon prints
Thomas Annan, *Castles and Mansions of Renfrewshire and Buteshire*, 1889, book by A. H. Miller containing 65 carbon prints
Henry and T. J. Dixon and Alfred and John Bool, *The Society for Photographing Old London*, 1875–1886, a portfolio series of 120 carbon prints
James Mudd, 60 albumen silver prints documenting the city and environs of Manchester, 1870s
Timothy O'Sullivan, 5 albumen silver prints of the southwestern United States made on government surveys in the early 1870s
Isaiah Taber, *The Taber Photographic Album: San Francisco 1880*, album of 88 albumen silver prints
Carleton E. Watkins, *Views of Thurlow Lodge*, 1874, 2 volumes of 63 mammoth plate albumen silver prints

The Stereo View

The earliest stereo views were produced shortly before the announcement of photography. In 1838 Sir Charles Wheatstone produced hand-drawn stereos of simple geometrical forms. The daguerreotype process was adapted to stereo use in 1844 and was eventually replaced by the collodion process, which enabled large quantities of cards to be produced. Not surprisingly, many stereo views were of architectural subjects, as the spatial sense given by a good stereo was persuasive. Stereo views were available for a great range of subject matter from all over the world, and their popularity lasted well into the twentieth century.

Various photographers, large group of albumen silver stereos of the Crystal Palace, Sydenham, England, ca. 1860
Edouard Baldus, 2 salted paper print stereos of the Luxembourg gardens, Paris, mid-1850s

Robert Macpherson, 10 albumen stereos of the interior of the Vatican and the Temples at Tivoli, late 1850s

William Notman, 15 albumen silver stereos of the Victoria Bridge in Montréal, ca. 1870s

Eugène Sevaistre, *Souvenirs stéréoscopiques d'Italie* and *Souvenirs stéréoscopiques d'Espagne*, ca. 1859, albums of 330 and 296 albumen stereos, respectively

The Twentieth Century in Europe

Though their work was based on nineteenth-century traditions, photographers such as Eugène Atget and Frederick Henry Evans made significant advances in terms of interpretation of subject matter. In the period between the wars a new experimentation took hold. Under the influence of the Bauhaus, Dada and Surrealism, photography began a new exploration of architecture. Such photographers as Moholy-Nagy, Lucia Moholy, Werner Mantz and Albert Renger-Patszch discarded conventional precepts of formal composition. In England Bill Brandt produced work informed by social consciousness. Brassaï embarked upon his celebrated night views of Paris, and the hand camera began to replace the view camera except for architectural representation. With the eve of the Second World War, European photography lost momentum, and once more the United States took the ascendant position.

Twenty-seven gelatin silver prints by photographers working at or under the influence of the Dessau Bauhaus, including a comprehensive group of photographs by Lucia Moholy documenting the structure itself and surrounding buildings

Eugène Atget, a group of 53 printing-out-paper prints of Paris and other architectural subjects in France

Ilse Bing, 2 albums of gelatin silver prints, early 1930s: *Hellerhof Siedlung Album*, 30 gelatin silver prints of a housing complex designed by Mart Stam, Frankfurt, Germany, and *Budge Haus Album*, 68 gelatin silver prints of a home for the elderly designed by Mart Stam, Frankfurt, Germany

Bill Brandt, 16 gelatin silver prints, including *St. Paul's Cathedral in the moonlight*, 1939, and *Park Crescent during the blackout, London*, 1939

Brassaï, 6 gelatin silver prints of Paris, including "Arcades de la rue de Rivoli, les Grilles des Tuileries," ca. 1934

Frederick Henry Evans, 68 photographs; the majority platinum and others gelatin silver and albumen silver as well as one portfolio: *York Minster, Chapter House, Photographs in Platinotype by Frederick H. Evans*, ca. 1902, portfolio of 95 platinum prints of architectural details of York Minster

Frederick Henry Evans, 704 glass lantern slides of various architectural, botanical, and biological subjects

Werner Mantz, 34 gelatin silver prints of German subjects: industrial, contemporary urban architecture, interiors, etc., including *Gymnasium of a public school in Köln-Zollstock (architect: Wirminghaus)*, 1929, and *The* Kölnische Zeitung *(Daily) on press in Cologne*, 1928

Albert Renger-Patszch, 20 gelatin silver prints of German churches, industrial structures, and contemporary urban buildings, all 1920s through the 1940s, including *Castle, Gemen, Westphalia*, and *Marienkirche, Zwickau*

August Sander, 44 gelatin silver prints of architecture in Germany and Italy, and portraits of architects, including *The Cathedral with the Leaning Tower and the Baptistery*, Pisa, ca. 1930, and *Portrait of the architect Fritz August Bruehaus de Groot*

The Twentieth Century in the United States

In 1890 Alfred Stieglitz returned to the United States from Germany, where he had gone to learn the craft of photography. His emergence as a prophet of photography was to have a major impact on the medium in the U.S., and his own evolution paralleled that of the national development. A pictorialist view led in turn to the photo secession and finally to his precisionist works.

Walker Evans and Berenice Abbott both returned to New York from Europe in the 1920s and at once commenced refining their views on documentation, Berenice Abbott in New York City and Walker Evans from the Northeast to Louisiana. Each made significant contributions to the development of an American vision—Evans through a rigorous transparency and by the elevation of simple subjects and Abbott through her sense of excitement in the promise of the vertical city. Samuel Gottscho's work represents the achievement of the working professional in architectural photography.

Berenice Abbott, *Changing New York*, 169 gelatin silver prints taken from early October 1933 to June 1938, all prints with detailed location and technical information

Alvin Langdon Coburn, *New York*, 1910, illustrated book of 20 photogravures of New York City

Walker Evans, 40 gelatin silver prints, most taken during the mid-1930s, of rural and urban architecture in the United States, including *Gothic monastery, Louisiana*, 1935, and *Saratoga Springs Hotel, courtyard porch*, 1933

Alfred Stieglitz, *Rockefeller Center from the Shelton Hotel, New York City*, 1935, gelatin silver print

The Years Since 1950

This period opens with the work of Aaron Siskind, Harry Callahan, Robert Frank (not in collection) and Eugene Smith. It brought about a reappraisal of small format photography and saw the rise of street photography in America. The leaders of this movement were Garry Winogrand and Lee Friedlander, who injected a new vibrancy and brought a new discipline to the idea of the found moment.

The CCA has acquired many prints by contemporary workers and a partial list of their names is given below. The media used encompass the full range of materials, both in black and white and colour. No discrimination is made against colour on the basis of stability. A cold storage area is to be provided in the new facility to give the best conditions possible for preservation of colour materials.

Contemporary photographers represented in the collection include

Ansel Adams
Harold Allen
Gabriel Basilico
Doug Baz
John Benton-Harris
Robert Bourdeau
Marilyn Bridges
Harry Callahan
Eliol Ciol
William Clift
Lynne Cohen
Linda Conner
Lois Conner
Jed Devine
Jim Dow
Louis Faurer
Ed Fausty and Brian Rose
Andreas Feininger
David Firman
Klaus Frahm
Lee Friedlander
Frank Gohlke
E. O. Goldbeck
Emmet Gowin
Jan Groover
Clara Gutsche
David Hanson
Allen Hess
Geoffrey James
Len Jenshel
Ellen Land-Weber
David Miller
Andrew Moore
Nicholas Nixon
Tod Papageorge
Richard Pare
Eliot Porter
Thomas Roma
Stephen Shore
Art Sinsabaugh
Aaron Siskind
Rosalind Solomon
Robert Steinberg
Hiroshi Sugimoto
Gabor Szilasi
Charles Traub
Judith Turner
Laura Volkerding
Geoff Winningham
Garry Winogrand

Growth and Activities, 1979–1984

Centre Canadien d'Architecture/ Canadian Centre for Architecture

1440, rue Sainte-Catherine Ouest, Montréal
1980, rue Sherbrooke Ouest, Montréal
375 Park Avenue, New York
1920, rue Baile, Montréal, scheduled for occupancy in 1988

Legal Status

Granted Letters Patent under seal of the office of the Minister of Consumer and Corporate Affairs, Canada
6 September 1979

American Friends of the CCA incorporated, Washington, D.C.
15 December 1981

Accredited as public museum by Canadian Museums Association
January 1984

Granted Category "A" designation from the Department of Communicatiaons, Department of Cultural Property Import and Export Act
21 March 1984

Recognized as public museum under the Excise Tax Act, Revenue Canada
1984

Affiliations

Architectural Drawings Advisory Group (ADAG), founding member
Canadian Museums Association
International Confederation of Architecture Museums (ICAM)
Research Libraries Group (RLG), special member

Departments, Collections and Staff, 1979–1984

Division	Collection	Staff
1979		
Library	6,000 volumes	2
Photography	6,000 prints	2
Prints and Drawings	2,000 sheets	
Administration		2
1980		
Library	13,000 volumes	3
Photography	13,000 prints	4
Prints and Drawings	2,000 sheets	
Administration		5
1981		
Library	20,000 volumes	3
Photography	20,000 prints	4
Prints and Drawings	2,000 sheets	
Archives	1 collection	3
Administration		5
1982		
Library	30,000 volumes	3
Photography	24,000 prints	3
Prints and Drawings	5,000 sheets	2
Archives	3 groups	3
Conservation		2
Study Programs		2
Administration		5
1983		
Library	36,000 volumes	17
Photography	28,000 prints	5
Prints and Drawings	7,500 sheets	4
Archives	5 groups	6
Groupe de recherche		2
Conservation		2
Photography Services		2
Study Programs		2
Administration		12

Division	Collection	Staff
1984		
Library	50,000 volumes	17
Photography	32,000 prints	6
Prints and Drawings	12,000 sheets	6
Archives	10 groups	3
Group de recherche		1
Conservation		3
Photography Services		3
Exhibitions and Publications		2
Administration		16

Activities, 1979–1984

Exhibitions

"Karl Friedrich Schinkel: Some Projects and Executed Works," mounted in conjunction with the CCA seminar on Schinkel, CCA, Montréal
March–May 1982

"The Preservation and Conservation of Prints and Drawings of Ernest Cormier (1885–1980)," CCA, Montréal
August–October 1982

"Photography and Architecture: 1839–1939," inaugural international exhibition opened at Galerie Lempertz Contempora, during Photokina, Cologne, Germany
15 September–16 October 1982

Shown subsequently at the following institutions:
Art Institute of Chicago, 9 May–25 June 1983
The Cooper-Hewitt Museum, The Smithsonian Institution's National Museum of Design, New York, 26 July–16 October 1983
Centre Georges Pompidou, Paris, 22 February–8 April 1984 (as "Photographie et Architecture: 1839–1939")
National Gallery of Canada, Ottawa, 13 September–11 November 1984

"Les Villas de Pline et les éléments classiques dans l'architecture à Montréal," CCA/Institut français d'architecture, exhibition with Pierre du Prey, guest curator, held at the Musée des beaux-arts de Montréal
13 October–11 December 1983

"Trois architectes/Trois quartiers," CCA exhibition
20 May–19 August 1983

Loans

"Notre Port," McCord Museum, McGill University, Montréal
April–June 1980

"August Sander: Photographs of an Epic, 1904–1959," Philadelphia Museum of Art, Philadelphia
March 1980–November 1983

"Points of View: Photographs of Architecture," Musée des beaux-arts de Montréal
January–November 1981

"Court Houses in Ontario," Central Library, Birmingham, England
May 1981

"Before Photography," Museum of Modern Art, New York
May 1981–May 1982

"Italian Photographs by Robert Macpherson," Stills: The Scottish Photography Group, Edinburgh
May–July 1981

"Double Take," International Center of Photography, New York
November 1981–January 1982

Seminars, Symposia and Lecture Series

"Schinkel and the Industrialization of Building," CCA; led by Kurt Forster of Stanford University
17 March 1982

"The Orders of Architecture," one-day studio organized by the Study Program, CCA; with Paul Chiasson, Joseph Rykwert, Hans-Karl Lücke, Eric Haldenby, Julia Gersovitz, Warren Cox and Peter Rose
3–5 March 1983

"Photography and Architecture: Fact and Aspect," organized by the CCA and the Cooper-Hewitt

Museum and held at the Cooper-Hewitt, New York
1 October 1983
Speakers: Berenice Abbott, Hank O'Neal, Tod Papageorge, Bob Thall, Wolfgang Freitag, Eve Blau, Phyllis Lambert, Cervin Robinson and Geoffrey James

"Ville and Villa: Landscape in Montréal," lecture series in conjunction with the exhibition "Les Villas de Pline" at the Musée des beaux-arts de Montréal
17 November 1983
Speakers: Kurt Forster, Peter Jacobs, Leon Krier, Phyllis Lambert

"Photography and Architecture, 1839 to the Present Day," two-day symposium at the National Gallery of Canada, Ottawa
29–30 September 1984
Speaker: Peter Bacon Hales, John Szarkowski, John Vinci, François Hers, Jean-François Chevrier, Peter Galassi, Julia Ballerini, Phyllis Lambert, David Harris, Andrew Gruft, Rob Shields, Nada Subotinchic, Walter Powell and John Brinckerhoff Jackson

"Legal Issues Affecting Contemporary Architectural Records," CCA
5–6 November 1984
Participants: CCA, Public Archives of Canada, Phillips & Vineberg, Bank of Montréal, McGill University, Université Laval, ARCOP Associates, Archives nationales du Québec à Montréal, Ontario Bicentennial Project, Ordre des architectes du Québec, Concordia University, Public Archives of Nova Scotia and Royal Architectural Institute of Canada

"Seminar on Descriptive Cataloguing Standards for Prints, Drawings and Photographs," CCA, New York
30 November 1984

Publications

Photography and Architecture: 1839–1939, by Richard Pare. Introduction by Phyllis Lambert. Catalogue by Catherine Inbusch Evans and Marjorie Munsterberg. New York: Callaway Editions/Montréal: CCA, 1982 (distributed by the MIT Press).

French language editions:

Photographie et Architecture: 1839–1939. Montréal : Éditions Mériden/Montréal, CCA, 1984.

Photographie et Architecture : 1839–1939. Liège: Pierre Mardaga/Montréal : CCA, 1984.

Canadian Architectural Records Survey: A Union List of Architectural Records in Canadian Public Collections/Recherche documentaire sur l'architecture canadienne: Catalogue collectif de recherche documentaire sur l'architecture provenant de collections publiques canadiennes. Compiled by Portia Leggat. Montréal: CCA, 1983.

Guide du fonds Ludger et Paul M. Lemieux/Inventory of the Archives of Ludger and Paul M. Lemieux. Montréal: CCA, 1983.

Répertoire numérique du fonds Ludger et Paul M. Lemieux/File List of the Archives of Ludger and Paul M. Lemieux. Montréal: CCA, 1983.

CCA pamphlet guides:

Quartier Maisonneuve. Montréal: CCA, 1982.

Centre-ville. Montréal: CCA, 1982.

Trois architectes/Trois quartiers. Montréal: CCA, 1983.

"Les Villas de Pline et les éléments classiques dans l'architecture à Montréal," special issue of *ARQ: Architecture Québec*, October 1983.

Awards

Certificate of Excellence, presented by the American Institute of Graphic Arts, for *Photography and Architecture: 1839–1939*, 1983

Award presented by the Wittenborn Committee of the Art Libraries Society of North America, Yale University, for *Photography and Architecture: 1839–1939*

Boards and Committees 1979–1984

(Individual terms of office vary in length.)

CCA Board of Directors

Phyllis Lambert (President)
Director, Centre Canadien d'Architecture/Canadian Centre for Architecture, Montréal

American Friends of the CCA Advisory Committee

Phyllis Lambert (Chair)
Director, Centre Canadien d'Architecture/
Canadian Centre for Architecture, Montréal

Peter C. Bunnell
McAlpin Professor of the History of Photography and Modern Art, Princeton University, Princeton

Harold R. Handler*
Attorney at Law, Simpson Thatcher and Bartlett, New York

Bates Lowry*
Director, National Building Museum, Washington, D.C.

Julia Parker*
Assistant Director, Centre Canadien d'Architecture/
Canadian Centre for Architecture, Montréal

Daniel Robbins
Baker Professor of the Arts, Chairman, Department of the Arts, Union College, Schenectady

Pierre-André Themens *
Attorney at Law, Phillips & Vineberg, Montréal

*Ex-officio members of the AFCCA Advisory Committee.

CCA Council on Exhibitions, Publications and Study Programs

Phyllis Lambert (President)
Director, Centre Canadien d'Architecture/
Canadian Centre for Architecture, Montréal

Pierre du Prey (Chair)
Associate Professor, Department of Art, Queen's University, Kingston

Eve Blau (Executive Secretary)
Curator of Exhibitions and Publications, Centre Canadien d'Architecture/Canadian Centre for Architecture, Montréal

Melvin Charney
Architect, Université de Montréal, Montréal

Irving Lavin
Professor of Art History, School of Historical Studies, The Institute for Advanced Study, Princeton

Adolf Placzek
Professor Emeritus, Avery Architectural and Fine Arts Library, Columbian University, New York

Daniel Robbins
Baker Professor of the Arts, Chairman, Department of the Arts, Union College, Schenectady

Robert Swain
Director, Agnes Etherington Art Centre, Queen's University, Kingston

Les programmes de restauration et de conservation se sont développés au rythme des collections. Des méthodes améliorées de traitement, dictées par l'analyse scientifique des matériaux et des modes de fabrication, commencent à remplacer celles qui étaient en usage les premières années.

Conservation and preservation programs have developed along with the collections. Improved treatment methods dictated by scientific analysis of materials and fabrication have begun to supersede those used in the CCA's first years.

Salle des livres rares du CCA. Au cours des cinq premières années, les acquisitions de la bibliothèque sont passées de 6000 volumes pour l'année 1979 à 50000 volumes pour celle de 1984.

Library vault, CCA. In the first five years, library acquisitions grew from 6,000 volumes for 1979 to 50,000 for 1984.

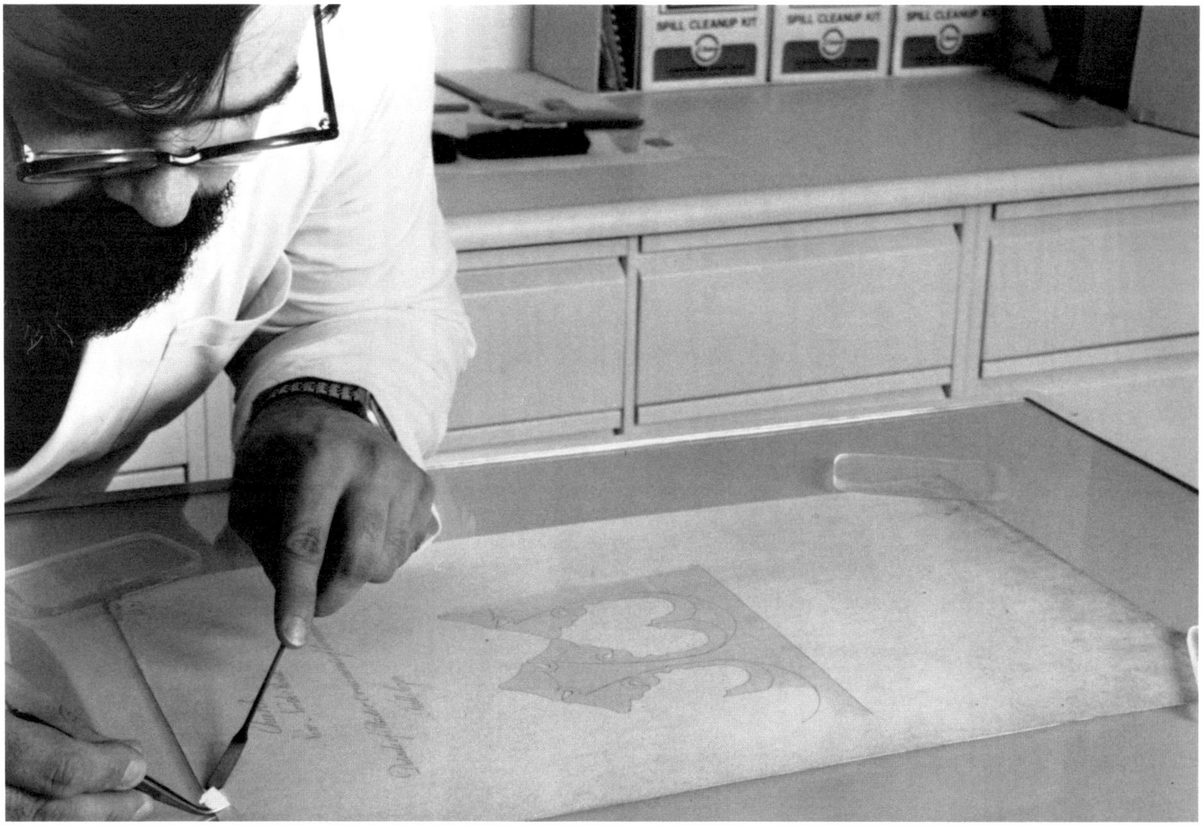
SPILL CLEANUP KIT
SPILL CLEANUP KIT